CHRISTIAN ZASCHKE

Little Britain

GOLDMANN
Lesen erleben

Das Buch

Die beliebten Kolumnen von SZ-Korrespondent Christian Zaschke aus dem Vereinigten Königreich!

»Am Mittwoch schien in London aus Versehen zwei Stunden lang die Sonne. Dass hier ohnehin immer so schlechtes Wetter wäre, ist allerdings noch niemals wahr gewesen. Millionen von Touristen erzählen jahrein, jahraus zu Hause stolz, sie seien gerade in London gewesen und hätten tolles Wetter gehabt. Nur ein, zwei Regentage, an denen es abends aber aufklarte. Die Touristen verbuchten es als besonderes, nur ihnen beschiedenes Glück, dass das Wetter okay war. Aber in Wahrheit ist das Wetter hier immer okay, und im Frühling oder im Herbst ist es sogar gut. Zugegeben, nicht romgut oder lissabongut, aber doch gut. Nur nicht in diesem Jahr.«

Der Autor

Christian Zaschke, Jahrgang 1971, ist Auslandskorrespondent der *Süddeutschen Zeitung* mit Sitz in London. Mit Eduard Augustin und Philipp von Keisenberg verfasste er die beiden Spiegel-Bestseller »Fußball Unser« und »Ein Mann, ein Buch«.

Christian Zaschke

Little Britain

Notizen von der Insel

GOLDMANN

Der Abdruck der Kolumnen,
die ursprünglich in der Süddeutschen Zeitung erschienen sind,
erfolgt mit freundlicher Genehmigung des Verlages.

Dieses Buch ist auch als E-Book erhältlich.

MIX
Papier aus verantwortungsvollen Quellen
FSC® C014496

Verlagsgruppe Random House FSC® N001967
Das FSC®-zertifizierte Papier *Holmen Book Cream* für dieses Buch
liefert Holmen Paper, Hallstavik, Schweden.

1. Auflage
Taschenbuchausgabe Januar 2016
Wilhelm Goldmann Verlag, München,
in der Verlagsgruppe Random House GmbH

Umschlaggestaltung: UNO Werbeagentur, München,
in Anlehnung an die Gestaltung der HC-Ausgabe
und unter Verwendung eines Motivs von FinePic®, München
DF · Herstellung: Str.
Druck und Einband: GGP Media GmbH, Pößneck
Printed in Germany
ISBN: 978-3-442-15875-1
www.goldmann-verlag.de

Besuchen Sie den Goldmann Verlag im Netz

Vorwort

Wenn ich heute mit dem stets erstaunlichen G. in Soho herumstehe, im French House, wo sie das Bier in Halfpints ausschenken, weil sie das zivilisierter finden, oder im Coach & Horses, kommt es regelmäßig vor, dass einer von uns sagt: »Hey, das wäre doch was für die Kolumne gewesen.« Zum Beispiel die Geschichte von John, dem ewigen Bettler, der sich kürzlich wortreich darüber beschwerte, dass die Buchmacher auf der Pferderennbahn in Cheltenham für Mossey Joe nur die lächerliche Quote von 6 zu 4 rausrücken wollten. Unter diesen Umständen, sagte John, komme er natürlich auf keinen grünen Zweig. Das sahen wir ein und gaben ihm jeder ein Pfund. Dafür erzählte er uns, dass es auf dem Soho Square eine Parkbank gibt, die Kirsty MacColl gewidmet ist. Kirsty MacColl hat mit Shane MacGowan das ebenso kitschige wie berührende Lied *Fairytale of New York* gesungen. »Im Ernst?«, fragten wir. »Im Ernst«, sagte John.

Als vor drei Jahren an einem verregneten Mittwoch der geschätzte M., damals Chef der Wochenendbeilage der Süddeutschen Zeitung, ungemein höflich fragte, ob ich nicht bitte eine wöchentliche Kolumne über das Leben in Großbritannien schreiben könne, lehnte ich brüsk ab. Ich hielt einen längeren Vortrag über das arbeitsreiche Leben des Korrespondenten, sprach mit großer Vehemenz über Erschöpfung, Überlastung und das immer höhere Tempo, in dem die Welt vorbeizurauschen scheint, und schloss meine, wie ich fand, ebenso aufrüttelnde wie bewegende Rede mit den Worten: »Im Leben schreibe ich dir keine Kolumne.«

M. ließ ein paar Sekunden verstreichen, während derer wir dem Rauschen der Telefonleitung lauschten. Er ist ein Mann der leisen Töne, er interessiert sich für Gebäude und für Bücher mit Bildern von Gebäuden. Er atmete gerade so geräuschvoll aus, dass sein Schnaufen nicht vom Rauschen der Leitung verschluckt wurde. Dann sagte er: »Es geht schon diesen Samstag los. Wir brauchen nur noch einen Titel.«

Niemand ist jede Woche auf Bestellung geistreich oder gar witzig, und ich weiß von befreundeten Cartoonisten, dass sie mit der Zeit lernen, ihre Cartoons zu hassen, weil sie nicht mal im Urlaub ihre Ruhe haben. Geliefert werden muss immer, 52 Wochen im Jahr. Das ist was für sehr disziplinierte Menschen und für Psychopathen. Da ich mich zu keiner der beiden Gruppen zähle, sondern ein einfacher Mann in der Hand meines Gottes bin, kam die Sache für mich nicht infrage.

Aber die Menschen der leisen Töne geben nicht so schnell klein bei. »Wie wäre der Titel: *Mein Empire*«, fragte M. »Wirklich mies«, sagte ich. »Gut«, sagte er frohgemut, »jetzt schreib mal die erste Folge, der Rest ergibt sich.«

Bis heute weiß ich nicht, was in mich gefahren ist. Ich schrieb die erste Folge.

Sie erschien unter dem Titel *Mein Empire* und war ein Desaster. Ich hatte ein bisschen was darüber zusammenfabuliert, wie ich in den Neunzigerjahren nach Schottland gezogen war und im Zuge dessen leider eine Yamaha

SR 500 von 1978 verkauft hatte. Schlüssig argumentierte ich M. gegenüber, dass das keinen Menschen interessiere, und die Leserbriefe gaben mir recht. »Jajaja«, sagte er am Telefon, »das läuft schon wirklich prima.« Ich atmete so geräuschvoll aus, dass mein Schnaufen nicht vom Rauschen der Leitung verschluckt wurde. »Wir nennen die Kolumne ab jetzt einfach: *Little Britain*«, rief er. Ich stöhnte.

Nach einer Weile passierte etwas Erstaunliches: Ich bekam fast jede Woche freundliche Post. E-Mails, Nachrichten in sozialen Netzwerken und Briefe, manche handgeschrieben. Seit mehr als zwei Jahrzehnten arbeite ich als Journalist und bin in herrlichsten Leserbriefen als Ignorant, halbgebildeter Trottel und Boris-Becker-Versteher geschmäht worden. Hin und wieder bekam ich auch früher schon mal freundliche Post, aber niemals so erfreuliche wie zu dieser Kolumne.

Eine Leserin schrieb, ob mir schon aufgefallen sei, dass in Großbritannien »Teile des Hauses oder sogar Steine« lackiert würden. Das war mir bis dahin noch nicht aufgefallen, aber der Hinweis hat meinen Blick geschärft. Ich bekam Fotos von teils ausgesprochen hübschen Vogelscheißflecken, weil ich hin und wieder den unentfernbaren Vogelscheißfleck auf meinem Schlafzimmerfenster erwähnte. Nachdem ich von einer Ameisenkohorte berichtet hatte, die meinen Flur als Exerzierplatz erkoren hatte, erhielt ich Post mit dramatischsten Ameisengeschichten, aus denen man einen veritablen Horrorroman hätte machen können. Es war wunderbar.

Nach mehr als zwei Jahren erschien schließlich die

letzte Folge von »Little Britain«, und einige Leser waren so freundlich, ihr Bedauern darüber auszudrücken. Manche schlugen vor, eine Sammlung der Texte als Buch herauszugeben. Das hielt ich für eine gute Idee und rief mal bei den Goldmann-Leuten an. Die hielten es auch für eine gute Idee, und deshalb gibt es jetzt dieses Buch. Ein paar Kolumnen haben wir rausgeschmissen, weil ich wie erwartet natürlich nicht jede Woche auf Bestellung geistreich oder gar witzig war. An ein paar anderen Texten habe ich nachträglich noch ein bisschen herumgefummelt.

Mein herzlichster Dank gilt M., ohne dessen Hartnäckigkeit und Vertrauen es diese Kolumne nie gegeben hätte. Ebenso herzlich danke ich dem stets erstaunlichen G., einem Mann, den kennen sollte, wer in London wohnt. G. weiß fast alles über die Stadt und steht recht gern in und vor Pubs herum, weshalb er regelmäßig in der Kolumne vorkam. Nicht zuletzt danke ich K., die glaubhaft angemerkt hatte, sie lasse sich aber so was von umgehend scheiden, sollte ich auf die Idee kommen, ihr Leben in die Zeitung zu zerren.

Nachdem John, der Bettler, G. und mir von der Kirsty-MacColl-Bank erzählt hatte, leerten wir unsere Gläser und schlenderten vom Coach & Horses rüber zum Soho Square. Es dauerte eine Weile, dann hatten wir sie gefunden: »Kirsty MacColl 1959–2000« stand auf der Plakette. »Ich wusste gar nicht, dass sie tot ist«, sagte G. Unter den Jahreszahlen stand: »One Day I'll Be Waiting There. / No Empty Bench in Soho Square.« Wir setzten uns auf die Bank und schwiegen eine Weile, und ich dachte daran, wie herrlich es ist, in London und am Leben zu sein.

London, im September 2014

Mein Empire

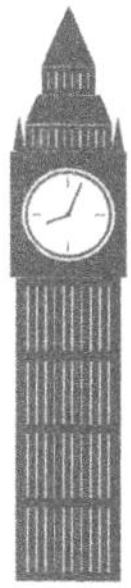

Als ich das erste Mal von Deutschland nach Großbritannien gezogen bin, habe ich die Fähre genommen. Hamburg nach Newcastle, erst allmählich die Elbe entlang, vorbei am Schulauer Fährhaus, wo die Schiffe begrüßt werden, dann 24 Stunden auf der stürmischen Nordsee. Das halbe Schiff hat gekotzt.

Ich hatte nur dabei, was ich tragen konnte. Die Bücher hatte ich eingelagert, den Rest verschenkt, und leider eine Yamaha SR 500 von 1978 für 666 Mark verkauft. Ehrlich gesagt, für 660, weil der Käufer sagte, er sei gläubig, und ob ich denn nicht wisse, dass 666 die Zahl des … jedenfalls verstehe ich bis heute nicht, warum ich nicht mit dem Motorrad auf die Insel gefahren bin. Ich bin sicher, dass die Maschine immer noch läuft und den Gläubigen durch die Weiten Schleswig-Holsteins trägt, vielleicht von Kiel nach Gammelby und weiter bis nach Missunde, wo die Schlei ganz schmal wird. Ich dagegen hätte mit dem Motorrad von Newcastle nach Edinburgh fahren können, wo ich studierte, und weiter über Auchtermuchty bis nach John O'Groats, wo die Welt zu Ende ist. Aber ich dachte, ich brauche das Geld.

Heute ist es keine große Sache mehr, ins Ausland zu ziehen. Die Zahl deutscher Studenten im Ausland hat sich seit dem Jahr 2000 mehr als verdoppelt, und auch die Berufsnomaden, zu denen ich mich zählen darf, werden immer mehr. Beruflich umzuziehen ist regelrecht langweilig, zumindest war es in meinem Fall so: Ein Umzugsunternehmen, das sich »International Relocator« nannte, fuhr vor, packte alles ein, düste nach London, packte alles wieder aus.

Auch die landestypischen Tücken werden weniger. Früher war es in Großbritannien ein wichtiger Initiationsritus für Ausländer, um ein Bankkonto zu kämpfen. Man brauchte zur Eröffnung eine Rechnung an seine britische Adresse, aber ohne Konto kam man für die Wohnungsbesitzer als Mieter nicht mal in die grobe Auswahl. Nur wer dieser Zwickmühle nach wochenlangen Anstrengungen entronnen war, hatte das Gefühl, angekommen zu sein. Jetzt habe ich ohne Mühe eine Wohnung gemietet, die sich als zugiges Schmuckstück erweist, und als ich dieser Tage nebenbei, weil ich grad nichts anderes vorhatte, ein Konto eröffnete, waren die Bankmenschen sogar *freundlich.*

Sich mit all seinem Besitz von einem europäischen Land in ein anderes zu begeben geht heute so schnell, dass der Kopf nicht mitkommen kann. Es ist irgendwie unheimlich. Es ist irgendwie falsch.

Damals in den 90ern hatte mich ein Deutscher, den ich auf der Fähre beim Kotzen kennengelernt hatte, mit nach Edinburgh genommen. Er fuhr einen Suzuki-Jeep, trug einen lächerlichen Fusselbart, kam aus Ostdeutschland und sprach kein Wort Englisch. Da ich noch keine Wohnung hatte, lebte ich die ersten Wochen mit ihm in seinem Acht-Quadratmeter-Zimmer. Ich zahlte keine Miete, dafür dolmetschte ich. Der Ostdeutsche lernte Englisch, er sprach bald mit starkem schottischem Akzent und trat dem Dudelsack-Klub der Uni bei. Als ich ihn das letzte Mal sah, trug er einen Kilt. Das war ebenfalls irgendwie unheimlich. Aber es war auch irgendwie richtig.

Eine recht lustige und ziemlich durchgeknallte Truppe

Indirekt war es die SPD, die dafür sorgte, dass ich jetzt in Großbritannien sitze und mich an der Schönheit englischer Namen erfreue. Zum Beispiel ist es mir unmöglich, auch nur eine Sendung des Fernsehkochs Hugh Fearnley-Whittingstall zu verpassen. Weil er in seinen Sendungen wirklich alles isst (zum Beispiel überfahrene Tiere), trägt er den Spitznamen Hugh Fearlessly-Eatsitall. Engländer tragen solche Nach- und Spitznamen mit großer Selbstverständlichkeit und großer Würde. Dass die ehemalige Nanny von William Mountbatten-Windsor tatsächlich Tiggy Legge-Bourke heißt, gilt hier als normal. Und wenn der Morgen in London nicht nur kühlgrau, sondern auch einsam ist, weil die Redaktion in München grad was Besseres zu tun hat, stärkt ein kurzer Blick auf die Gästeliste der Hochzeit des Prinzen William die Moral: Natalie Hicks-Lobbecke, Annabel Glynne-Percy, Drummond Money-Coutts, Edward Innes-Ker.

Tiggy Legge-Bourke hat übrigens eine Schwester namens Zara, welche Captain Richard Grosvenor Plunkett-Ernle-Erle-Drax heiratete, sich allerdings nach gerade mal zwölf Jahren Ehe wieder scheiden ließ. Das war 1997, ein Jahr bevor Gerhard Schröder doch noch Kanzler wurde. Das wiederum hatte vier Jahre zuvor niemand erwarten können.

Damals gab es in der SPD eine Abstimmung darüber, wer als Nachfolger von Björn Engholm Parteivorsitzender werden sollte. Zwar las Engholm gern Bücher von Janwillem van de Wetering, was ihn für höhere Aufgaben prädestinierte, doch er hatte, verknappt gesagt, ein, zwei Sachen nicht ganz sauber auf die Reihe bekommen. Die Entscheidung musste zwischen Schröder, Rudolf Scharping und Heidemarie Wieczorek-Zeul fallen. Bemerkenswert ist, dass sich die Zeile »Schröder, Scharping oder Wieczorek-Zeul« wirklich ganz genau auf die Melodie von »Knocking on Heaven's Door« singen lässt, was in unserer WG politisch-musikalischer Amateure dann auch geschah, weil der Hausgitarrist, mein Kumpel Lehmann, die Akkorde konnte. Die SPD war damals eine recht lustige und ziemlich durchgeknallte Truppe, die für einen guten Witz auch mal eine Bundestagswahl sausen ließ. Also wählte sie Scharping.

Unsere WG wandte sich daraufhin vor Schreck ganz der Literatur zu. Der Hausanglist, mein Kumpel Lehmann, las zur inneren Erbauung Bücher von P. G. Wodehouse, und einmal stieß er dort auf einen Namen, den er gern mit uns teilte: Hildebrand Spencer Poynt de Burgh John Hannasyde Coombe-Crombie, zwölfter Earl von Dreever. Genannt: Spennie. Ergriffen von so viel Schönheit beschloss die WG, demnächst geschlossen nach Großbritannien auszuwandern.

Leck mich

Früher war in Großbritannien alles teurer als in Deutschland, außer Briefmarken. First-Class-Marken kosteten ein paar Pence, und sie waren schon damals, in den neunziger Jahren, allesamt selbstklebend. Selbstklebende Briefmarken zählen zu den großen Errungenschaften der Zivilisation, denn unter den Anleckbriefmarken, wie man sie in Deutschland überwiegend erhielt, waren immer auch die, deren Geschmack man tagelang im Mund behielt. Vermutlich benutzte die deutsche Post verschiedene Mischungen für die Klebeflächen. Jedenfalls erwischte man mit ein wenig Pech recht häufig eine der eher unpopulären Geschmacksrichtungen »Kleister«, »Rahmporree« oder »Socke«. Dafür waren in Deutschland die Motive viel schöner als in Großbritannien, wo auf den First-Class-Marken bis heute immer nur die Queen zu sehen ist.

Auf Anordnung des Hausphilatelisten, meines Kumpels Lehmann, mussten Bewohner unserer Studenten-WG seinerzeit in der deutschen Postfiliale immer explizit nach »schönen Marken« verlangen und ihm eine mitbringen, die er in seine etwas unheimliche Sammlung fügte. Auf diese Weise geriet Lehmann durch mich zum Beispiel in den Besitz der besonders schönen Sondermarken »125. Jahrestag des Zuckerinstituts in Berlin« und »Internationale Nordseeschutzkonferenz in Den Haag«. Einmal reagierte der Postbeamte auf meine Frage nach »schönen Marken«, indem er mir lächelnd welche rüberschob, die an den 50. Todestag des Theologen und Widerstandskämpfers Dietrich Bonhoeffer erinnerten. Bonhoeffer ist kurz vor Kriegsende von den Nazis im KZ Flossenbürg hingerichtet worden.

Heute ist in Großbritannien fast nichts teurer als in Deutschland, außer allem, was man wirklich zum Leben braucht, also Wohnraum, Zigaretten, Wein und Briefmarken. Zwar gibt es die guten selbstklebenden First-Class-Marken noch, und sie kosten, da ich dies schreibe, lediglich 46 Pence, aber zum einen wird der Preis ungefähr alle zwei Wochen erhöht, zum anderen kann man sie nicht mehr für Post zum europäischen Festland verwenden. Dazu braucht es teurere Marken, die leider überwiegend in Anleckausstattung und mit der einheitlichen Geschmacksrichtung »nasse Bulldogge« angeboten werden.

Wenn man also in einer Londoner Postfiliale einen Brief nach, sagen wir mal, München, aufgibt, schiebt der Postbeamte den Brief samt Marke wieder über den Schalter und wartet. Den verständnislosen Blick des Kunden quittiert er mit einem freundlichen: »Bitte aufkleben.« Man bildet sich ein, dass er das Gesicht des Kunden erst in freudiger Erwartung (vor dem Anlecken) und dann mit stiller Genugtuung (nach dem Anlecken) betrachtet. Ziemlich genau, wenn der Brief sein Ziel erreicht, kehrt der Geschmackssinn zurück.

365 blutige Steaks

Wer in Großbritannien lebt, hat das Glück, zwischen den beiden weltbesten Fernsehsendern wählen zu können, BBC 1 und BBC 2. Neulich ging es auf BBC 1 um den Wert alter britischer Möbel (erfrischend öde) und auf BBC 2 um die Überlegenheit britischer Erbsen (erfrischend irre). Beim gepflegten Hin- und Herschalten bin ich dann aus Versehen bei einer Gameshow im Privatsender ITV gelandet, bei der es darum ging, in verschiedenen Spielrunden jeweils die Farbe Schwarz oder Rot zu wählen. Rund 1000 Leute fingen das Spiel an, wer die falsche Farbe wählte, flog raus. Der Sieger würde eine Million Pfund gewinnen. Ich schaute zu, bis nur noch ein Mann und eine Frau übrig waren, der Mann gewann. Glückwunsch zur Million, dachte ich und wollte zu den überlegenen Erbsen zurückschalten, als der Moderator die LETZTE Entscheidung ankündigte. Der Mann lächelte vorsichtig. Ich nahm den Finger von der Fernbedienung.

Der Kandidat hatte sich gegen 1000 Gegner durchgesetzt, er hatte das Finale gewonnen, und jetzt sah die Show vor, dass er noch einmal alleine spielen musste – Schwarz oder Rot, alles oder nichts.

In den bisherigen Runden konnte der Mann jemanden besiegen, er wählte seine Farbe, die Gegner die ihre. Jetzt gab es keine Gegner mehr, aber noch immer die Wahl – Schwarz oder Rot. Es ging nicht mehr darum, gegen jemanden zu gewinnen, der spielerische Teil der Veranstaltung war vorbei. Es ging jetzt wirklich ums Geld. Zuvor war der Mann sehr heiter gewesen, er hatte allen anderen Kandidaten immer Glück gewünscht. Hey, dachte man, soll er doch die Million gewinnen.

Das »Schicksalsrad« setzte sich in Bewegung. Eine Million: Vielleicht dachte der Mann an ein Traumhaus im Grünen, an eine Privatschulerziehung für seine Kinder oder an das tägliche Lieblingsmittagessen im kommenden Jahr: 365 blutige Steaks mit Brokkoli. Vielleicht dachte er auch an nichts. Jedenfalls sah er aus, wie Menschen nicht aussehen sollten. Er sah aus wie ein Hase, der nicht weiß, von wo die Hunde kommen.

Musik dröhnte, Licht flackerte, das Rad drehte sich, und dann erschien die falsche Farbe, was bedeutete, dass der Mann mit leeren Händen nach Hause kommen würde. Kein Traumhaus, keine Privatschule, keine Steaks (zumindest nicht 365). Was sagt man so einem Mann? Der Moderator rief: »Na, aber es ist doch ein Trost, so weit gekommen zu sein, oder?« Daraufhin brach ihm der Mann ohne Million nicht, wie ich erwartet hatte, die Nase, sondern sagte schlicht: »Ja.«

Lamborghini für Leute mit Geschmack

Für Reisen in die Vergangenheit gilt, dass dort nichts verändert werden darf, weil sonst die Gegenwart durcheinandergerät. Das ist frustrierend, denn die eine oder andere Veränderung würde dem Lauf der Geschichte nicht schaden. Zwar sind wir laut Steven Pinker über die Jahrtausende immer friedlicher geworden, aber das 20. Jahrhundert ist an Abscheulichkeiten doch auffallend reich. Ich weiß nicht, ob auf dem Weg zum G8-Abitur noch Zeit ist, das alles durchzunehmen, weshalb den sogenannten jungen Leuten unter den Lesern empfohlen sei, mal Nazis, Weltkriege, die »Rockband« Kiss sowie Ahoi-Brause (Waldmeister) zu googeln. Man bekommt dann einen ganz guten Eindruck von der Bandbreite der Unmenschlichkeit im 20. Jahrhundert.

Steven Pinker ist ein irrsinnig schlauer Mann, der in Harvard und am MIT über ungefähr alles vor sich hinforscht und -lehrt, und niemand, der bei Trost ist, würde ihm jemals widersprechen. Er belegt seine These vom friedlicher werdenden Menschen grob gesagt damit, dass relativ zur Erdbevölkerung gesehen in jedem Jahrhundert weniger Menschen in Kriegen getötet wurden als zuvor. Als Laie würde ich dagegenhalten, dass das an vielen Dingen liegt, zum Beispiel an neuer Waffentechnologie, veränderten Konfliktformen und Fortschritten in der Notfallmedizin. Aber ich bin sicher, Pinker hat all das irgendwie mit einberechnet. Und auch mein im täglichen Umgang mit Menschen gewonnener Eindruck, dass es sich bei einem signifikanten Teil der Spezies um eine Bande von Verhaltensgestörten handelt, kann in diesem Zusammenhang nicht als fundierte Analyse durchgehen, sondern nur als unerhebliche Einzelmeinung.

Die Regel, dass in der Vergangenheit bei Zeitreisen nichts verändert werden darf, ist den meisten Menschen aus dem dreiteiligen Wissenschaftsklassiker »Zurück in die Zukunft« bekannt, in dem Michael J. Fox und ein DeLorean DMC-12 die Hauptrollen spielen. Ein DeLorean ist ein Auto, das in Nordirland gebaut wurde und aussieht wie ein Lamborghini für Leute mit Geschmack. Mit einem DeLorean reist man entweder an der irischen Küste entlang und kehrt mittags in Donegal zu Guinness und Austern ein, oder man reist durch die Zeit. Im zweiten Fall braucht es ein, zwei Modifikationen am Wagen – bei konkretem Interesse empfehle ich eine Anfrage beim Cern in Genf (die wissen, wie das funktioniert, auf keinen Fall abwimmeln lassen).

Dass Ace Frehley, der »Gitarrist« der unseligen Band Kiss, Anfang der Achtziger in einem DeLorean mit knapp 180 km/h den Bronx River Expressway gegen die Fahrtrichtung bereiste, war übrigens einer der ungeschickteren Versuche, durch die Zeit zu reisen.

Pandas schauen Schotten an

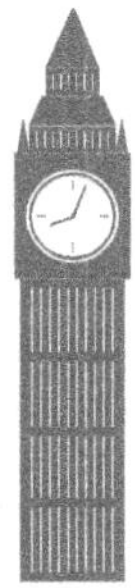

Der wirklich einzige Nachteil daran, bei der wunderbaren SZ zu arbeiten, besteht im hartnäckigen Beharren der Buchhaltung darauf, dass auf den eingereichten Hotelrechnungen der vollständige Name der Zeitung samt Adresse steht. Im Ausland hält man »Süddeutsche Zeitung« jedoch für ein zufällig aus der Buchstabensuppe gefischtes, psychedelisches Arrangement. Aussprechen kann das Ganze niemand. Die an Hoteltresen im angelsächsischen Raum übliche Variante ist ein zögerlich vorgetragenes »Suud-Dittsch Sieeetang«, worauf ich meistens aufmunternd sage: »Sehr gut. Fast perfekt.«

Wenn ich den Rezeptionisten den Namen aufschreibe, damit sie ihn abtippen können, steht auf der Rechnung ein Worthaufen, hinter dem ich einen chinesischen Bärenhandel oder eine nordkoreanische Untergrundorganisation vermuten würde. Wenn ich die Rezeptionisten bitte, den Namen Buchstabe für Buchstabe von meiner Visitenkarte abzutippen, steht da im besten Fall: Snedentshe Zeutmg. In solchen Fällen sage ich: »Danke, das ist nah genug dran.«

Diese Woche sprach ich mit einem Kollegen einer englischen Tageszeitung. Wir unterhielten uns gut, dann fragte er, für wen ich arbeite. Ich nannte ihm den Namen. »Ah«, sagte er erfreut, »der Spiegel?« Kein schlechter Witz, dachte ich, fast subtil. Ich lächelte ein schönes Lächeln. Der Kollege lächelte ebenfalls. Ich gab ihm meine Visitenkarte. Er zeigte auf das psychedelische Arrangement und wollte wissen, was es damit auf sich habe. Ich sagte es ihm. Der Kollege lächelte daraufhin das Lächeln, mit dem man chinesische Bärenhändler abschüttelt, und beeilte sich, die Frau von der Times in ein Gespräch zu verwickeln.

Am vergangenen Sonntag sind zwei Panda-Bären in Schottland eingetroffen. Die Schotten haben sie für zehn Jahre (und für irre viel Geld) bei den Chinesen ausgeliehen, weil im Zoo von Edinburgh nichts mehr los war. Eine Dudelsackband sorgte dafür, dass die Pandas gleich wussten, dass sie tatsächlich in Schottland gelandet waren. Es regnete, es war kalt, die Band trug Kilts (und vermutlich nichts drunter). Die Dudelsäcke dröhnten, ein tiefes »Süüüd-düüttsch« war der Grundton, und es wäre etwas arg zugespitzt, wenn ich behaupten würde, die Melodie habe wie »Zeitung« geklungen, aber manchmal klang sie doch immerhin wie »Sieeetang«. Die Pandas schauten die Schotten an und hörten zu. Ihr Gesichtsausdruck glich aufs Haar dem eines angelsächsischen Hotel-Rezeptionisten, den ich eben gebeten habe, jetzt noch schnell »Hultschiner Straße« auf die Rechnung zu schreiben.

Morgenmolle, Mittagsschnäpschen

Nach meinem ersten Umzug nach Großbritannien in den 90ern hatte ich zunächst im Acht-Quadratmeter-Zimmer eines fusselbärtigen Ostdeutschen gewohnt, der mir freundlicherweise Unterschlupf gewährte. Anschließend zog ich für einige Wochen ins Acht-Quadratmeter-Zimmer von Brett Stephenson aus Seattle. Er wohnte in derselben Studenten-WG wie der Ostdeutsche, die aus vier Acht-Quadratmeter-Zimmern und einer Küche bestand. Der Wohnungsmarkt in Edinburgh war damals etwas angespannt. Es gab nichts Bezahlbares außer fensterlosen Vier-Quadratmeter-Zimmern ohne Küchenmitbenutzung bei Ehepaaren, die nach der Morgenmolle das Mittagsschnäpschen einnahmen, nachdem sie grad offenbar irgendwas im Garten verscharrt hatten. »Brett, ist das wirklich okay für dich«, fragte ich täglich und wöchentlich. »Schon okay«, sagte Brett stets, wenn ich von der Wohnungssuche wiederkam und von der Keine-Fenster-Schnaps-Verscharr-Situation berichtete.

Ich kochte dafür hin und wieder was. Als ich einmal Hackfleisch für ein Chili gekauft hatte, nahm Brett die Packung, las, was draufstand, legte sie auf den Tisch und sagte: »Besteht aus Lippen und Rosetten.« Es hat lange gedauert, bis ich wieder Hackfleisch aß. Ziemlich genau sechs Wochen. Dann zog ich in eine WG, in der ein Schotte fast jeden Tag etwas scharf Gewürztes kochte, das im Wesentlichen aus gehacktem Fleisch aller Art bestand. Nie gab es

Gemüse dazu. Bis in die 90er galt: Der Brite an sich stirbt früh, und das hat seine Gründe.

Nach meiner Ankunft in diesem Jahr hatte ich zunächst den Eindruck, dass sich nichts verändert hatte: Big Ben spielte seine Melodie, aus schwarzen Taxis stieg man erst aus und bezahlte dann durchs Fenster, Jeremy Paxman raunzte in der Hauptnachrichtensendung Politiker so schlecht gelaunt an, als habe ihm jemand in der BBC-Kantine die letzte Portion Lippen-und-Rosetten-Chili weggeschnappt. Doch es hat sich einiges getan: Es gibt in Großbritannien mittlerweile mehr Kochsendungen als Talkshows in der ARD. Mein Lieblingskoch Hugh Fearnley-Wittingstall hat in seiner Serie in diesem Herbst etwas Ungeheuerliches getan: Er hat ausschließlich vegetarisch gekocht. Dafür hätten ihn seine Vermieter vor fünfzehn Jahren im Garten verscharrt, anschließend das Mittagsschnäpschen eingenommen, um dann die ersten Interessenten für das eben frei gewordene Vier-Quadratmeter-Zimmer zu begutachten.

Zugegeben, es ist nicht einfacher geworden, eine bezahlbare Wohnung zu finden. Und vielleicht habe ich mich noch mehr verändert als Großbritannien: In dieser Woche erstand ich das Kochbuch zur Serie. Der Verkäufer packte es ungefragt als Geschenk ein.

Mähnen im Wind

Es stürmte in dieser Woche in Großbritannien, und die BBC berichtete live. Sie hatte Reporter in die Ecken des Landes geschickt, die am stärksten betroffen waren. Die Reporter waren allesamt junge Frauen, und sie waren kleine Frauen. Sie standen im Wind, der nach ihnen griff, an ihnen herumriss und sie schüttelte. Bei jeder Schaltung wurden die Haare der Reporterinnen noch nasser. Der Wind ließ die nassen Mähnen mit einem, wie es schien, diabolischen Vergnügen flattern.

Die Reporterinnen brüllten in ihre Mikrofone, dass das Wetter wirklich sehr, sehr schlecht sei. Eine Reporterin im Norden Schottlands wurde vom Wind immer wieder nach rechts aus dem Bild getrieben. Entweder stand die Kamera unbemannt auf einem Stativ oder der etwas sture Kameramann hatte beschlossen, stets die zu Beginn verabredete Einstellung beizubehalten, komme, was da wolle. Jedes Mal, wenn es aussah, als triebe die Reporterin jetzt endgültig ab in Richtung Norwegen, kämpfte sie sich tapfer zurück ins Bild und rief zur Kamera: »Es ist etwas schwierig, in diesem Wind stehen zu bleiben.« Dann griff der Sturm wieder nach ihr und zog sie an den klatschnassen Haaren aus dem Bild.

Ich schaute den Reporterinnen mit meinem Nachbarn Iain zu, der gern auf meinem Sofa herumsitzt und meinen Kaffee trinkt, während er fernsieht. Ich musste arbeiten, aber Iain bemerkte, er könne jetzt leider noch nicht gehen, denn auch Ödön von Horváth sei bekanntlich 1938 bei einem schlimmen Sturm von einem Ast erschlagen worden. Meinen Hinweis, dass er unter mir wohne und es im Treppenhaus eher unwindig sei, ignorierte Iain gelassen und schenkte sich Kaffee nach. Vom Bildschirm brüllte eine sturmumtoste Reporterin aus Wales, dass es dort auch windig sei. »Allerdings in Paris«, sagte Iain. Ich schaute ihn fragend an. »Horváth«, erläuterte Iain, »er starb in Paris.«

Iain kam vor gut vierzig Jahren bärtig auf die Welt, aber vor zwei Monaten hat er sich seinen Vollbart abrasiert. Anschließend passierte etwas Interessantes: Männer bemerkten das Fehlen des Barts gar nicht, sie fanden allenfalls, dass Iain ausnahmsweise mal recht frisch aussah. Manche Frauen hingegen erkannten ihn allen Ernstes nicht wieder. Dann entwickelte sich jedes Mal dieser Dialog: »Kennen wir uns?« »Na, ich bin's, Iain.« »Mein Gott, Iain!!! Das sieht soooo viel besser aus!« Nach und nach verschwinden gerade sämtliche Vollbärte im Freundeskreis.

Nach vielen Stunden der Berichterstattung über den Sturm schickte die BBC gegen Abend den ersten Mann raus. Er stand irgendwo in der Nähe von London herum, der Regen hatte aufgehört. Es sei immer noch sehr schlimm hier draußen, sagte der Reporter ernst, während der leichte Wind ihm liebevoll die Frisur zurechtzupfte.

Kiedis, Kahlo, Selleck, Schmitz

Als ich mal wieder die Gute-Ideen-Notizzettel durchschaute, fand ich einen, auf dem stand: »Kiedis, Schnäuzer«. Anthony Kiedis ist Sänger der amerikanischen Band Red Hot Chili Peppers und trägt tatsächlich seit geraumer Zeit einen Schnäuzer. Das ist allerdings nicht so scharf beobachtet, dass es als gute Idee durchgeht. In der Tat kann ich mich beim besten Willen nicht daran erinnern, warum ich die Notiz geschrieben habe. Das wiederum liegt vermutlich daran, dass ich ein Alter erreicht habe, in dem das Hirn sich nur noch was merkt, wenn es ihm grad in den Kram passt. Oft ist das frustrierend, aber manchmal auch ganz okay: Bücher von Philip Roth habe ich schon vergessen, während ich sie noch lese.

Kiedis' Schnäuzer ist insofern interessant, als sein Träger trotz allem immer noch ziemlich gut aussieht. Das ist durchaus eine Leistung, denn mit einem dämlichen Schnäuzer immer noch ziemlich gut auszusehen gelingt nur ganz wenigen Menschen auf der Welt. Genaugenommen nur Tom Selleck (Magnum), Frida Kahlo (Mexiko) und Herrn Schmitz (Deutsch/Geschichte). Was wäre das für eine Supergruppe: Kiedis, Kahlo, Selleck und Schmitz. Sie könnte für den Schnäuzer sein, was Crosby, Stills, Nash und Young für den Folkrock waren. Aber leider ist Kahlo lange tot, Selleck zu beschäftigt, Schmitz hat heute einen Vollbart, und Kiedis überlegt, wie er ohne John Frusciante nochmal ein vernünftiges Album zustande bringt.

Frusciante spielte bei allen wichtigen Alben der Red Hot Chili Peppers die Gitarren. 2008 hat er sich überlegt, dass er künftig lieber alleine spielen will. Es ist, als hätte Thomas Pynchon die Schriftsteller-Supergruppe Pynchon, Morrison, DeLillo und Ford verlassen, und die verbliebenen drei hätten aus Versehen Philip Roth als Ersatz angeheuert.

Immerhin fiel mir irgendwann wieder ein, bei welcher Gelegenheit ich »Kiedis, Schnäuzer« aufgeschrieben hatte. Die Red Hot Chili Peppers traten vor einigen Wochen in einer englischen Talkshow auf und saßen in einer freundlich unarrogant lässigen Weise im Studio herum, die ohne Beispiel ist. Sie sind jetzt alle um die fünfzig, nur der neue, erst einunddreißig Jahre alte Gitarrist war ein bisschen präpotent. Die übrigen Männer, so schien es, hatten trotz früherer Exzesse heiter und ziemlich nebenbei all die Jahre angehäuft. Es wirkte wie das Gegenteil der furchtbaren Vorstellung vom »Altern in Würde«: ein wunderbares Bild, in dem nur Kiedis' Schnäuzer aussah wie nachträglich hineingemalt.

Entgiftung, Kumpel

Die Vierer-Gruppe junger Männer stand neben mir am Tresen im Pub. Ich kam gerade vom Sport und hatte beschlossen, mich mit einem Guinness zu belohnen, bevor ich den Heimweg fortsetzte. Das The George liegt auf halber Strecke, direkt neben dem Royal Free, einem Krankenhaus. Das Royal Free ist dunkel und groß, und wenn ich es auf dem Weg zum Sport anschaue, schwöre ich mir jedes Mal, bald mehr Sport zu machen, um niemals auch nur einen Tag in diesem Gebäude verbringen zu müssen. Auf dem Rückweg wirkt es noch dunkler und größer, es ist ein so bedrohlicher Anblick, dass man besser schnell ins George flieht und sich ein Guinness bestellt. Nach dem ersten Schluck ist dann wieder klar, dass »dunkel und groß« auch wunderbare Dinge beschreiben kann.

Einer aus der Gruppe junger Männer neben mir bestellte vier Bitter Lemon. Vierer-Gruppen junger Männer bestellen im Pub nicht vier Bitter Lemon. Vierer-Gruppen junger Männer bestellen im Pub vier Bier, und wenn es die letzte Runde ist, bestellen sie vielleicht noch ein paar Schnäpse dazu. In Liverpool gibt es seit einiger Zeit einen Pub, der nur Getränke ohne Alkohol verkauft, aber in allen anderen englischen Pubs bestellen Vierer-Gruppen junger Männer vier Bier. Ein einzelner Mann, der mit einer Frau da ist, bestellt auch mal einen Rotwein, allerdings nur, wenn die Frau einen Weißwein bestellt. Ordert die Frau einen Gin Tonic, bestellt der Mann ein Bier. Ordert die Frau ein kleines Bier, nimmt der Mann ein Bier. Außer in Notting Hill, aber das ist ein Viertel, das durch den gleichnamigen Film mit Hugh Grant und Julia Roberts so aus der Balance geraten ist, dass die Leute im Pub unberechenbar vor sich hin bestellen.

Ich nippte am Guinness, dann drehte ich meinen Kopf unauffällig zur Vierer-Gruppe. Nach genau zwei Zentimetern der Drehung rief der Besteller: »Entgiftung, Kumpel. Wir trinken den ganzen Januar nichts.« Das hatte ich vergessen: Im Januar trinkt das halbe Land keinen Alkohol. Ende Dezember hat die BBC eine Studie veröffentlicht, die besagt, dass es nichts bringt, den ganzen Januar keinen Alkohol zu trinken. Viel besser seien ein paar alkoholfreie Tage jede Woche. Eine solche Studie veröffentlicht die BBC jedes Jahr, aber das interessiert niemanden. Außer einer Vierer-Gruppe junger Männer, die an ihren Bitter Lemons nippen und denen ein Typ mit einem leckeren Guinness in der Hand am Tresen von der Studie erzählt. Als ich die vier nun biertrinkenden Männer wenig später verließ und meinen Heimweg im Schatten des dunklen und großen Krankenhauses fortsetzte, glaubte ich, ein gutes Werk getan zu haben.

Wirbel sind oft auch Glückssache

Der Brite unterscheidet zwischen »Hairdresser« und »Barber«. Erstere sind richtige Friseure, Letztgenannte bedienen Schermaschinen und tun anschließend noch kurz so, als würden sie auch mit der Schere umgehen können. Ich ging bisher zum Barber.

Erst war ich bei einem rund sechzig Jahre alten Griechen, dessen Haupt von vollem, wallendem Haar umspielt wurde. Er nannte sich George und hatte keinen Haarschnitt, seine Haare waren auf erhabene Weise einfach da. Er sah aus wie ein Kreuzfahrtschiffskapitän, der nie auch nur eine halbe Seemeile vom geplanten Kurs abweichen würde. Ach, keinen Faden würde er abweichen, er hieße Gregorius Petriakis und steuerte seinen Ozeanriesen konzentriert und doch lässig durch engste Meerengen und die weiteste See: wolkenweißes Hemd, einen Knopf zu weit offen, graue Mähne, dazu dieser Blick, der die Ferne gewöhnt ist. Aber als George mir erneut in knapp vier Minuten einen eher modernen Schnitt verpasst hatte und dann anbot, sein neunzig Jahre alter Vater könnte mir jetzt noch schnell eine Nassrasur mit dem Messer angedeihen lassen, beschloss ich schweren Herzens, den Barber probeweise zu wechseln.

So geriet ich an Marco. Marco kommt aus Zypern und hat es irgendwie geschafft, dass sein mindestens dreißig Jahre alter Fernseher, der über dem Spiegel auf einem etwas zu kleinen Regalbrett balanciert, ausschließlich zypriotische Gameshows empfängt. Während des Schneidens geht sein Blick stets nach oben zum Fernseher. Beim ersten Mal dachte ich zunächst, dass ich umgehend reumütig zu George zurückkehre. Aber Marco entpuppte sich als guter Mann. Nur wer es sehr genau nahm, sah, dass der scherengeschnittene Teil etwas schief war, und was den verhunzten Wirbel anging: Wirbel sind nun mal wirklich schwer zu schneiden, das ist oft auch Glückssache. Und was mich wirklich für Marco einnahm: Er übersetzte die jeweils laufende Gameshow Wort für Wort.

Leider habe ich die Shows nie gesehen, weil der Fernseher wirklich viel zu hoch steht. Ich blickte geradeaus in den Spiegel und sah dort meinen Kopf, der aus dem Umhang hervorspähte, und hinter mir Marco, der hoch zum Fernseher schaute und dabei schor und schnitt. Entweder zählen zypriotische Gameshows zu den witzigsten der Welt, oder Marcos wahre Berufung ist die des Erzählers (für Letzteres sprachen letztlich auch meine Haare).

Es ist mir wirklich nicht leichtgefallen, nach George, dem Barber, der besser Kapitän geworden wäre, auch Marco zu verlassen, den Barber, der besser Erzähler geworden wäre. Mein bisher letzter Friseurbesuch war teuer und fad, aber ich habe jetzt wieder eine normale Frisur.

48 Zähne

Ich blickte auf die Landschaft, die in erhabener Schönheit vorbeizog. »Im Zug«, brüllte die Amerikanerin, »ich bin im Zug.« Sie meinte nicht mich, denn ich wusste bereits, dass sie sich im Zug befand. Ich saß ihr gegenüber. Die Amerikanerin war in Newcastle zugestiegen, und ich hatte gleich ein schlechtes Gefühl gehabt. Als Bahnfahrer entwickelt man mit der Zeit ein fast unfehlbares Gespür für Leute, die einem auf der weiteren Reise schwer auf die Nerven fallen werden. Ich weiß nicht, ob es der ins Tumbe changierende, selbstgefällige Gesichtsausdruck ist, das Blackberry oder das miese Karma. Jedenfalls sind sie zu erkennen.

Ich hatte mich in den so genannten »Ruhewagen« gesetzt. In diesem sollen Handys nach Möglichkeit nicht benutzt werden. Ruhewagen zählen neben gebranntem Wasser und dem Buchdruck zu den großen Erfindungen der Menschheit. »Nein«, schrie die Amerikanerin in ihr Telefon, »es ist nichts Wichtiges. Ich wollte nur mal hören.«

Sie sprach mit Sarah. Des Weiteren wusste ich bereits, dass sie selbst Sheryl hieß und bis London durchfuhr. Das hatte ich den vorangegangenen Anrufen bei Sharon und Rachel entnommen. Beim Gespräch mit Sarah war leider die Verbindung nicht so gut. Ich erhielt davon Kenntnis, als Sheryl in ihr Telefon grölte: »Sehr schlechte Verbindung«, und dann, nach zwei Sekunden, noch etwas lauter: »Ich sagte, dass die Verbindung sehr schlecht ist.« Ich schenkte Sheryl mein schönstes Lächeln und zeigte auf das Symbol mit dem durchgestrichenen Handy. Sheryl lächelte zurück (wie viele Amerikaner verfügte sie über achtundvierzig sehr große, sehr weiße Zähne). Dann wählte sie Paulas Nummer. Ich wusste, dass es sich um Paulas Nummer handelte, weil Sheryl nach wenigen Sekunden anhob: »Paula! Hier ist Sheryl! Störe ich gerade?« In einem seltenen Anfall von Schlagfertigkeit sagte ich: »Ja, das tun Sie.« Sheryl röhrte: »Nein, es ist nichts Wichtiges, ich wollte nur mal hören. Ich bin im Zug.« Ich wusste, was sie als Nächstes sagen würde: »Im ZUHUUG. ICH BIN IM ZUG.«

Ich schaute mich um und blickte in rund zwanzig Gesichter, in denen sich Hass, Empörung und vereinzelt auch Mitleid widerspiegelten. Mir war klar, dass niemand etwas sagen würde, denn das ist hier nicht üblich. Sheryl war dann beim neunten oder zehnten Anruf, ich hatte mich an das Gebrüll fast gewöhnt, als sie plötzlich einen spitzen Aufschrei tat: »Stephens Party?« Fünf Sekunden vergingen, dann jaulte Sheryl: »Warum war ich da nicht eingeladen?« Es war ein sehr englischer Moment, als fast das gesamte Abteil kurz wissend auflachte und dann umgehend den Blick wieder mit unbewegter Miene auf die vorbeiziehende Landschaft richtete.

Es ist vermutlich Adlerscheiße

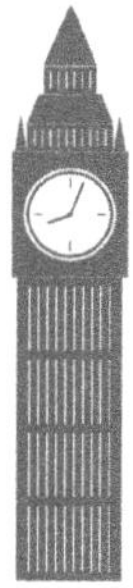

Großbritannien hat die Dramen Shakespeares, die Beatles, den maßgeschneiderten Tweed-Anzug, das Hovercraft und das undichte Fenster hervorgebracht. Das undichte Fenster ist unter anderem deshalb so eine gute Idee, weil sich winters nicht die ewige Frage stellt, ob es warm oder frisch im Schlafzimmer sein soll. Es ist immer frisch, und der leichte Luftzug, der einem beim Aufstehen um die eiskalte Nase weht, ist sehr belebend.

Neulich übernachtete ich in einem Hotel im Norden, dessen Fenster so undicht waren, dass sich die schweren grünen Vorhänge bauschten und der Wind ein Lied der Klage pfiff. Als ich die Rezeption auf das Phänomen hinwies, erfuhr ich, dass das kleine Problem durchaus bekannt sei. Da das Gebäude aber unter Denkmalschutz stehe, dürften keine doppelverglasten Fenster eingebaut werden. Das sah ich natürlich ein und nahm die angebotene zweite Decke und das Paar Ohrenstöpsel dankbar entgegen.

Die Fenster in meiner eigenen Wohnung stehen nicht unter Denkmalschutz. Sie sind zwar undicht, aber noch relativ neu. Da sie sich nach außen öffnen, ist es mir leider nur möglich, die Innenseite zu putzen. Als ich bei der Besichtigung Scott, den Makler, fragte, wie man diesen offenbar einige Jahre alten Fleck Vogelscheiße auf dem Dachfenster im Schlafzimmer entfernen könnte, sagte er, jemand werde sich darum kümmern. Ich wusste in diesem Moment, dass ich nie wieder von ihm hören würde. Wobei: Einmal meldete er sich noch und bedankte sich nachgerade euphorisch für die exzellente Flasche Wein. Das war, wie ich fand, sehr freundlich von ihm, denn das hätte er nicht tun müssen. Der Wein war eine kleine Aufmerksamkeit meinerseits gewesen, weil Scott mich dem Vermieter als den idealen Bewohner des zugigen Schmuckstücks angepriesen hatte. Als Scott den Wein am Telefon bejubelte, wäre es, wie ich fand, ein wenig kleinlich gewesen, ihn noch mal auf die Vogelscheißsache anzusprechen. Im Grunde ist der Fleck nicht der Rede wert und nur wenig größer als eine Faust. Im Dunkeln sieht man ihn kaum. Und wenn doch, denke ich: Es ist vermutlich Adlerscheiße.

Als es vor einer Woche ein wenig schneite in Großbritannien und das Land daraufhin wie immer dem Chaos anheimfiel, vollzog sich in meiner bescheidenen Wohnung ein kleines Wunder: Aufs Schlafzimmerfenster, das schräg ins Dach gebaut ist, legte sich der Schnee wie eine große, weiße Dichtung. Kein Lüftchen zog mehr durch die Ritzen, es war still wie in den Cotswolds, und die Vogelscheiße war unsichtbar. Wenn ich nachts aufwachte, blinzelte ich in schwarze Stille und wähnte mich in einem anderen Land. Mitte der Woche setzte das Tauwetter ein.

Yoda des Zeitungslesens

In der Regel gelingt es mir, die buchdicken englischen Sonntagszeitungen bereits am Mittwochabend vollständig durchgelesen zu haben. Das geht zunächst ein wenig auf Kosten der Montags-, der Dienstags- und der Mittwochszeitungen, aber die habe ich meist bis zum Freitagabend durch. Natürlich kommt dauernd irgendwas dazwischen. Besonders Termine in der Stadt bringen alles durcheinander. Wenn ich meiner Lektüre jedoch planmäßig folgen kann, schaffe ich die mit Musik-, Buch- und Filmbeilagen gespickten Freitagszeitungen bis zum späten Samstagnachmittag.

Samstagabends koche ich dann eines der Rezepte aus dem Wochenend-Magazin des Guardian: meist das von Hugh Fearnley-Whittingstall, zuletzt auch öfter mal das von Yotam Ottolenghi. Ich weiß, dass ich in dieser Zeit zum Beispiel die sehr gute »Weekend«-Beilage der Financial Times, den Samstags- Independent oder das liegen gebliebene Satire-Magazin Private Eye abarbeiten könnte, weshalb das Schuldgefühl immer mit am Herd steht. Aber man muss ja auch mal was essen, dazu komme ich sonst die ganze Woche nicht. Jedenfalls beende ich die Lektüre der Samstagszeitungen erst am sehr späten Sonntagabend, wenn die ganze Stadt längst schläft, um Kraft zu sammeln für eine neue, aufregende Woche.

Ich stehe also jeden Morgen beim Newsagent, um mich mit neuen Zeitungen zu versorgen. Ich sehe den Newsagent deswegen öfter als jeden anderen Menschen auf der Welt. Am zweithäufigsten sehe ich den Japaner, der ebenfalls immer alle Zeitungen kauft. Der Newsagent betreibt seinen kleinen Laden seit fünfunddreißig Jahren. Er sitzt von morgens bis abends hinter dem Verkaufstresen und liest. Unter denen, die das Zeitungslesen wirklich ernst nehmen, ist der Newsagent eine Art letzte Autorität. Wenn der Japaner und ich der Luke Skywalker und der Han Solo des Zeitungslesens sind, dann ist der Newsagent Yoda.

Eines Sonntagmorgens erzählte der Japaner, dass er am nächsten Tag nach Hause fahre. »Wie lange fliegt man denn nach Japan?«, fragte der Newsagent. »Ich habe Flugangst«, sagte der Japaner, »ich nehme den Zug.« »Wie lange fährt man denn nach Japan?«, fragte der Newsagent. »Eine Woche«, sagte der Japaner. Von St. Pancras nach Brüssel, quer rüber nach Moskau, dann mit der Transsibirischen Eisenbahn ans Ende der Welt. Dort lege dann die Fähre nach Japan ab. So erzählte es der Japaner. Der Newsagent und ich wünschten eine gute Reise. Der Japaner bedankte sich. Dann verließ er den Laden mit einem Stapel Zeitungen, der ihn immerhin bis zum nächsten Mittwoch beschäftigen würde.

Wie Tristan da Cunha im Atlantik

Der Mann in der Autovermietung hatte jedes Vertrauen in mich verloren, als ich die linke Tür des Mietwagens öffnete, auf den Beifahrersitz blickte und murmelte: »Ach, stimmt ja, andere Seite.« Ich lief um den Wagen herum und sagte: »Kleiner Scherz.« Aber der Autovermietmann wusste, dass es kein Scherz gewesen war. Er kannte diese Art von Kunden.

Selbst schuld, dachte ich, denn er hätte viel früher skeptisch werden müssen: Schließlich hatte ich diese Zusatzversicherung abgeschlossen, die kein normaler Mensch abschließt, weil sie viel zu teuer ist. Da hatte der Autovermietmann zwar zum ersten Mal überrascht geschaut, allerdings eher erfreut, wohl weil er dachte: »Schau an, der Deutsche kauft tatsächlich die überteuerte Zusatzversicherung. Läuft ja spitze heute.« Als wir alle Modalitäten geklärt hatten und er mich zum Wagen brachte, fragte er, wann ich zuletzt im Linksverkehr unterwegs gewesen sei: »Och, das ist nicht mal zwei Jahre her«, sagte ich. Zwischen den Augenbrauen des Autovermietmanns bildete sich eine Furche von der Tiefe des Marianengrabens. »Aber Sie kommen zurecht?«, fragte er. »Im Großen und Ganzen schon«, sagte ich. Im Gesicht des Vermieters las ich, dass er die Zusatzversicherung plötzlich für grotesk billig hielt. In diesem Moment öffnete ich die linke Tür.

Die Autovermietung gehört nicht zu einer der großen Ketten. Sie liegt auf einer Verkehrsinsel, die von drei Straßen umgeben ist, über die unentwegt Autos, Lastwagen und Busse rasen. Bisweilen wagen sich Menschen auf Rollern, Motorrädern und sogar Fahrrädern in den Strom. Da sich auf der Verkehrsinsel außer der Autovermietung und der Zufahrt zu einer Tiefgarage nichts weiter befindet, haben es die Verkehrsplaner für überflüssig gehalten, eine Fußgängerampel zu bauen. Für die Autovermietung hat das den Vorteil, dass nicht dauernd Laufkundschaft reinschneit. Für die Kunden hat es den Nachteil, dass die Autovermietung im Grunde nur mit dem Auto erreichbar ist. Die Verkehrsinsel liegt in den Londoner Verkehr gebettet wie Tristan da Cunha in den Atlantik. Es gibt zwei Möglichkeiten: Erstens, man lässt sich von einem Bekannten mit dem Auto vorbeibringen. Zweitens, man stellt sich an den Rand der schmalsten dieser drei Straßen (die mit den fünf Spuren), wartet, wartet, betet und rennt. Ich habe die zweite Option gewählt.

Nachdem ich mich auf den Fahrersitz gefaltet hatte, griff ich unter den Augen des Autovermieters instinktiv über meine linke Schulter, wo ich jedoch nicht den Gurt, sondern Leere fand. Ich lächelte dem Mann aufmunternd zu, startete den Motor, legte den Gang ein und ruckelte vorsichtig zur Ausfahrt. Keine Lücke im unendlichen Strom des Verkehrs. Eine Minute, zwei Minuten. Als ich im Rückspiegel den Vermieter kopfschüttelnd auf mich zugehen sah, holte ich tief Luft, betete, und dann gab ich einfach Gas.

Sehr müde Schlafzimmeraugen

Nachdem ich mich in dem Mietwagen in den Londoner Verkehr gestürzt hatte, stellte ich rasch fest, dass sich im Grunde keine weiteren Fragen stellten, solange man in Bewegung blieb. Ich hatte eine gute halbe Stunde für die Heimfahrt angesetzt, obwohl die Wohnung lediglich zehn Fußminuten von der Autovermietung entfernt liegt. Ein kleiner Umweg, so die Überlegung, würde mich wieder mit dem Linksverkehr vertraut machen. Gut, ich war dann wohl einmal falsch abgebogen, was dazu führte, dass ich nach einer Weile am Wembley-Stadion vorbeifuhr, das rund drei Fußstunden von meiner Wohnung entfernt liegt. Aber das machte mir nichts aus.

Ich hatte einen Wagen in »Golf-Größe« bestellt, was in hiesigen Autovermietungen bedeutet, dass man entweder einen sehr, sehr kleinen Peugeot oder einen Japaner bekommt, von dem noch nie jemand etwas gehört hat. Einen Dawenjitsu. Einen Togulashi. Oder, wenn es wirklich zufällig mal ein VW ist, einen Lupo. Der höflich vorgebrachte Einwand, dass ein Lupo doch eher Lupo- als Golf-Größe aufweise, wird im Allgemeinen sehr freundlich als spitzfindig abgetan. Immerhin kostet ein Lupo in Golf-Größe in London pro Woche nur so viel wie zweimal falsch parken.

Der Mann einer Bekannten hat sich hier neulich einen älteren Porsche 924 gekauft. Das ist der Porsche ohne Porsche-Motor, der dafür aber eine sehr lange Schnauze und ausklappbare Scheinwerfer hat, die wie sehr müde Schlafzimmeraugen aussehen. Der Motor ist von VW und nur einen Tick stärker als der eines Lupos. Der Vorbesitzer hatte, wie er beim Verkauf erzählte, in dem Porsche gewohnt. Das brachte er als verkaufsförderndes Argument vor. Die exzellente Geschichte des Mannes, der im Porsche wohnte, hatte ich vollkommen vergessen, bis ich den Mietwagen nach zwei Stunden zurück in mein Viertel gesteuert hatte. Dort angekommen zeigte sich, dass ich ohne Anwohnerparklizenz gar nicht parken durfte. Auch nicht gegen Bezahlung. Nirgends. Ich parkte dann trotzdem, sogar genau vor dem Haus, in dem ich wohne, was mir, wie ich am nächsten Morgen feststellen musste, einen Strafzettel über 130 Pfund einbrachte. Seitdem fragte ich mich, wie der Porsche-Mann die Parksache geregelt hat. Er war ja nirgends Anwohner. Und überall.

Ich recherchierte, dass sich die Parkstrafe, wenn man innerhalb von zwei Wochen bezahlt, auf 65 Pfund reduziert. Das erschien mir schon wieder realistisch. Im Monat sind das, da man täglich erwischt wird (nichts funktioniert verlässlicher), rund 1950 Pfund. Dafür kann man in London eine Golf-große Wohnung mieten.

Frittierte Austern

»Tisch für zwei?«, fragte der Kellner. »Gern«, sagte ich. »Hier am Fenster?«, fragte der Kellner. »Gern«, sagte ich. »Was darf es sein«, fragte der Kellner. »Ein halbes Dutzend Austern, bitte«, sagte ich. »Gern«, sagte der Kellner, »roh oder frittiert?« »Was ist der Unterschied?«, fragte ich.

Obwohl ich noch nie ein Buch von Rosamunde Pilcher gelesen habe, war ich nach Cornwall gefahren. Es ist kaum zu verfehlen: Man fährt aus London links raus, lässt Stonehenge rechts liegen und umkurvt das Dartmoor. Dann drückt man das Gaspedal noch einmal kurz durch, und schon ist man da. Bekanntlich spielen die Geschichten von Frau Pilcher fast alle in Cornwall, und die Verfilmungen laufen im ZDF rauf und runter, was zu einem Besucheransturm aus Deutschland geführt hat. Ich habe mich nun persönlich davon überzeugt, dass die Gegend den Ansturm bisher ohne erkennbare Schäden überstanden hat. Statt Pilcher-Romanen hatte ich diverse Reiseführer durchgearbeitet, und wirklich alle empfahlen, man solle doch mal zum Lunch bei »Rick Stein's Fish & Chips« in Falmouth vorbeischauen.

Der Kellner schaute mich interessiert an. Verarschte ich ihn? Versteckte Kamera? Oder war ich so blöd? Ich hatte die Frage tatsächlich gestellt, sie war mir irgendwie rausgerutscht. Austern frittiert? Ich weiß, dass in diesem Land gerne mal befreit auffrittiert wird, in Schottland gibt es sogar frittiertes Haggis. Aber Austern?

Auf der Hinfahrt hatte ich im Autoradio den Regionalsender BBC Cornwall gehört. Im Vorfrühling ist in Cornwall auf wunderbare Weise nichts los. Der BBC-Moderator rief also live beim stellvertretenden Hafenmeister der Scilly-Inseln an, um mal zu hören, was es Neues gäbe. »Nichts«, sagte der stellvertretende Hafenmeister gut gelaunt, »ein Segler war hier, bei dem der Motor nicht ging. Aber das war nicht weiter schlimm.« Schlummerte hier der Anfang eines Cornwall-Romans? »Als der Segler die Tochter des stellvertretenden Hafenmeisters erblickte, wusste er, was er so lange auf den unendlichen Meeren gesucht hatte. ›Miss Evelyn‹, sagte er, ›möchten Sie mit mir nach Falmouth segeln? Ich kenne da ein kleines Lokal, das die besten Austern der Gegend frittiert.‹« Aus dieser starken Eröffnung könnten sich bis zum Happy End die vielfältigsten Verwicklungen ergeben.

Der Kellner hatte sich dafür entschieden, dass er nicht verarscht wurde, und sagte freundlich: »Die rohen sind roh, die frittierten sind frittiert.« »Verstehe«, sagte ich, »frittierte hatte ich noch nie.«

»Nehmen Sie doch drei und drei«, schlug er vor. Die rohen Austern waren dann wirklich sehr köstlich.

Die erste Hälfte von Krieg und Frieden

Viele Briten betrachten die Welt unerschütterlich im Lichte des ersten Satzes ihrer ungeschriebenen Verfassung, der da lautet: »Es mag auf dem Kontinent und in den USA vieles anders oder (angeblich) besser funktionieren, aber so, wie es hier läuft, ist es richtig.« Dieser Satz gilt immer und für alles. Es steckt dahinter eine grundsätzliche Haltung, die ich sehr bewundere.

Als die Tennisspielerin Serena Williams beim Turnier in Wimbledon einmal sehr unschuldig und sehr freundlich sagte, man wisse als Amerikanerin ja, dass die technischen Standards hier nicht ganz so hoch seien, hatten die britischen Kollegen keine Ahnung, was sie damit gemeint haben könnte. In Williams' Pressekonferenz sagte ein britischer Kollege zum anderen: »Was will sie denn? Wir haben sogar dimmbare Deckenleuchten.« Oh, dachte ich, nichts geht über diesen saharatrockenen Humor. Dann verstand ich, dass der Mann es ernst meinte.

Vielleicht hatte Frau Williams morgens versucht, schnell eine heiße Dusche zu nehmen. Wenn ich eine heiße Dusche nehmen will, muss ich zunächst an einer Schnur im Bad ziehen. In einem kleinen Kästchen an der Decke leuchtet dann ein rotes Kontrolllämpchen auf. Dank des Lämpchens weiß ich: Jetzt heizt sich das Wasser auf. Großbritannien ist zu Recht bekannt für seine hervorragenden Ingenieure. Hier wurde die Dampfmaschine erfunden, die Grundlage aller Industrialisierung. Nach dem Schnurziehen habe ich erst einmal genügend Zeit, die erste Hälfte von Tolstois *Krieg und Frieden* zu lesen oder den U-Bahn-Plan von London auswendig zu lernen, was exakt gleich lange dauert. Anschließend drehe ich das Wasser an und warte wieder. Alle ein, zwei Minuten halte ich die Hand in den Strahl, um zu prüfen, ob sich schon was getan hat. Wenn das Wasser eine angenehme Temperatur angenommen hat, stelle ich mich unter die Dusche, aus der die Tropfen eher vorsichtig fallen wie ein milder Sommerregen. Du Glückspilz, sagen meine englischen Freunde, und sie haben recht: Bei meiner Freundin C., die im Stadtzentrum wohnt, kann man nur im Sitzen duschen, weil der Wasserdruck zu gering ist. Wenn man sich hinstellt und die Brause über den Kopf hält, kommt nicht ein Tropfen heraus.

Im Radio ist derzeit die drohende Wasserknappheit das große Thema. Es hat in den vergangenen beiden Jahren zu wenig geregnet, man befürchtet nun eine Dürre. Was man da machen könne, fragten die Radiomenschen besorgt. Ein Hörer rief an und sagte: All das Wasser, das durch den Hahn rauscht, bevor es warm wird, könne man doch in Eimern auffangen und zum Spülen des Klos benutzen. Danke, sagten die Radioleute sehr ernst, das sei nun wirklich die beste Idee seit Langem.

What stop Trofälger?

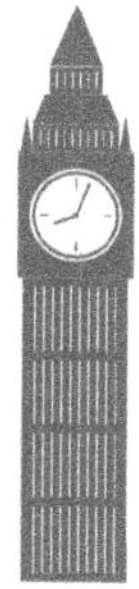

Freundin C. war empört, weil ich behauptet hatte, man könne bei ihr wegen des niedrigen Wasserdrucks in der Londoner Innenstadt nur im Sitzen duschen. Also schrieb sie eine Leser-SMS. Man könne bei ihr mittlerweile sehr wohl im Stehen duschen, stellte C. richtig, allerdings nur kalt.

Sie schrieb natürlich aus den Cotswolds, wohin sie sich wie jeder vernünftige Londoner über Ostern zurückgezogen hatte. Wer vernünftig ist, verlässt die Stadt an solchen Wochenenden, weil sie komplett von Touristen übernommen wird. Man kann dann keinen Meter mit der U-Bahn fahren, ohne von den mannshohen Rucksäcken gerammt zu werden, an denen die Touristen befestigt sind. In anderen Städten sagen Einheimische: Pass doch auf, Touristenhirni. Und bring den Scheißrucksack in dein Scheißhotel. In London sagt man: Sorry. Die Touristen sagen dann: Isse okay. What stop Trofälger?

Ich habe nichts gegen Touristen. In meiner Jugend habe ich als glücklicher Touristenhirni Städte erkundet und dabei einen kleinbusgroßen Rucksack in Einheimische gerammt. Gut, den wirklich großen Rucksack trug ich zuletzt mit achtzehn auf einer Inter-Rail-Tour und dann nie wieder. Aber ich habe trotzdem nichts gegen Touristen. So kam es, dass ich als einziger Einwohner Londons, der nicht im Geschäftsbereich bedruckte T-Shirts oder Hütchenspiel tätig ist, am Osterwochenende zur Westminster Bridge fuhr. Neben der Brücke stand Big Ben, auf der Brücke standen mehr Touristen, als Husum Einwohner hat. Die Touristen schauten einen Ausflugsdampfer an, der ebenfalls voller Touristen war und unter der Westminster Bridge feststeckte.

Ein zweites Ausflugsschiff manövrierte sich heran und schaffte es tatsächlich irgendwie, den Dampfer zu befreien. Die Touristen auf der Brücke johlten und klatschten, die auf dem Boot winkten stolz. Dann trieb die Strömung den Dampfer wieder auf die eisernen Bögen zu. Offenkundig funktionierte der Motor nicht. Die Touristen auf der Brücke ließen ein »Ooooh« erklingen. Die Touristen auf dem Boot flohen unter Deck. Es knackte bedrohlich in den Aufbauten, als sich der Dampfer wieder in die alte Position schob und erneut feststeckte. Das Wetter war herrlich, die Kameras klickten. Nach zwanzig Minuten tuckerte ein bulliger Schlepper heran. Mit einem Ruck befreite er den Dampfer und zog ihn endlich von der Brücke weg.

Die Touristen an Bord können nun zu Hause eine richtig gute Geschichte erzählen: Sie haben nicht bloß in der U-Bahn einen x-beliebigen Londoner gerammt, sondern die Westminster Bridge höchstpersönlich. Ich glaube tatsächlich, dass die Brücke ihnen zum Abschied ein leises »Sorry« hinterherknarzte.

Zucker bringt dich um

Das Roebuck ist ein gemütlicher Pub. Sie haben hinten raus einen schönen Garten, ein wenig bewachsen, ruhig. Es gibt auch drei Tische an der Straße. Die sind allerdings nicht so zu empfehlen, es sei denn, man steht auf Sirenen – gegenüber ist die Herzinfarkt-Notaufnahme. Ein Herzinfarkt ist in London ungefähr so häufig wie in anderen Städten eine leichte Prellung. Die Krankenwagen rauschen beständig herein, Menschen auf Tragen werden aus dem Fond gerissen und in das unendliche Innere des finsteren Gebäudes geschoben. Ich glaubte lange nicht, dass irgendwer in Ruhe vor dem Roebuck sitzen kann, ohne fortwährend an seinen vermutlich zu hohen Blutdruck zu denken. Ich dachte, nur Irre sitzen vor dem Roebuck, wenn man doch auch hinten im Garten sitzen kann. Bis mir auffiel, dass die, die *vor* dem Roebuck sitzen, offenbar fast alle im Krankenhaus arbeiten. Menschen, die im Krankenhaus arbeiten, sind weiß Gott nicht unsensibel. Aber sie haben andere Sachen gesehen. Sie schauen nach der Arbeit auf ein Schnelles im Roebuck vorbei, und der Anblick von Menschen, die auf Tragen in das unendliche Innere eines finsteren Baus geschoben werden, kann sie nicht schocken.

Früher rauchten alle Ärzte, die ich kannte. In dem Krankenhaus in einer mittelgroßen deutschen Stadt, in dem ich eine Weile gearbeitet habe, gab es einen Raucherraum in der Notaufnahme und einen vor der OP-Schleuse. Wann immer die Ärzte nicht gerade jemanden zusammenflickten, rauchten sie und tranken dazu Unmengen Kaffee mit Milch, aber ohne Zucker. Zucker bringt dich um, sagten sie. Ich glaubte jedes Wort. Heute sind Ärzte alle sehr vernünftig, und spätestens seit man in Kneipen nicht mehr rauchen darf, haben sie auch die Raucherräume vor den OPs abgeschafft.

In dieser Woche saß ich zum ersten Mal mit einem Freund vor dem Roebuck an der Straße, weil der Garten hinten gerade mit einem Hochdruckreiniger ausgespritzt wurde. Wir lauschten den Sirenen und dachten an unseren jeweiligen Blutdruck, während wir ein Schnelles nahmen. Ich holte das zweite Schnelle von der Bar, als mir der Geruch auffiel: Eine schwitzende Gruppe von Geschäftsleuten hatte sich der Sakkos entledigt. Die Herren tranken geschätzt das fünfte Schnelle und sahen alle aus wie dieser gestresste Typ Geschäftsmann, der seinen Kaffee mit zu viel Zucker trinkt und schon bald aus dem Fond eines Krankenwagens gerissen wird, um in das unendliche Innere eines finsteren Krankenhauses geschoben zu werden. Immerhin: Sie rauchten nicht, denn Rauchen war drinnen verboten. Ich trug die beiden Biere durch die wabernde Schweißwolke nach draußen. Als ich mir zum Sirenenklang in Erinnerung an die Ärzte von einst eine Zigarette anzündete, gelang es mir kurz, sehr bewusst nicht an meinen Blutdruck zu denken.

Da hilft nur Feuer

Ich entdeckte die Ameisen, als ich von einem Kurzbesuch in München zurückkam. Es waren fünf, sie spazierten über den Rand der Badewanne und nahmen keine Notiz von mir oder der röhrenden Lüftung. Kleine schwarze Punkte auf weißem Grund, die sich scheinbar ziellos umherbewegten.

Ich kann mit den undichten Fenstern leben und dem lächerlich schlecht verlegten Boden. Es macht mir nichts aus, unter sanftem Getröpfele zu duschen, das manchmal immerhin warm ist. Ich habe mich an die irrwitzigen Preise gewöhnt und an U-Bahnen, die wochenends nach dem Zufallsprinzip nicht fahren. Ich habe mich sogar damit arrangiert, dass Radfahrer in London als gemeingefährliche Trottel gelten, die von der Straße zu drängen sind. Aber die Ameisen waren zu viel.

Ich will meine Wohnung nicht mit Ameisen teilen. Mit einem Feuerzeug und einer Dose Deo (Dove Men+Care) improvisierte ich einen Flammenwerfer.

Mein früherer Mitbewohner Lehmann pflegte neben seiner Vorliebe für die akustische Gitarre, Briefmarken und englische Literatur auch eine enge Bindung zu Afrika. Wenn er von seinen Reisen zurückkehrte, erzählte er oft wunderliche Geschichten. Die meisten habe ich vergessen, aber die von den Ameisen hat sich unauslöschlich in mein Gedächtnis geprägt. Lehmann erzählte von Ameisen, die sich in einer meterbreiten Straße vorwärtsbewegen, rasend schnell, und alles fressen, was ihnen in den Weg kommt. Gerät ein Elefant in eine solche Ameisenstraße, erzählte Lehmann, bleibt von dem Elefanten nichts übrig. »Nicht mal die Knochen?«, fragte ich leise. »Doch«, raunte Lehmann, »aber nur die Knochen.« »Was kann man denn tun gegen diese Ameisen?«, fragte ich. »Feuer«, sagte Lehmann, »da hilft nur Feuer.« Mag sein, dass an der Geschichte nichts dran ist, aber sie hat mein Verhältnis zu Ameisen radikalisiert.

Nachdem ich meinen improvisierten Flammenwerfer fachgerecht angewandt hatte, waren auf dem Rand der Badewanne fünf schwarze Punkte zu sehen, die sich nicht mehr bewegten. Ich sammelte sie mit einem Taschentuch ein und bereitete ihnen ein nasses Grab im Klo, dessen Spülung nach drei- bis viermaligem Pumpen recht gut funktioniert.

Seither unternehme ich regelmäßige Patrouillengänge ins Bad und schaue, ob sich weitere Ameisen zeigen. Bisher ist alles ruhig, aber ich habe das Gefühl, dass die fünf nur die Vorhut einer gewaltigen Straße waren, die nach neuen Wegen sucht. Wenn die Ameisenbosse einen Funken Verstand in ihren winzigen Hirnen haben, werden sie die richtigen Schlüsse daraus ziehen, dass ihre Abordnung nicht mehr zurückkam. Der sich seit Tagen haltende Geruch nach verbranntem Deo sollte ein Übriges tun.

Die 1. Kohorte

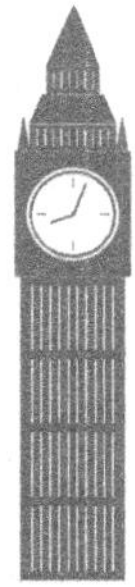

Die erste Ameisen-Abordnung von fünf Spähern hatte ich also mit einem improvisierten Flammenwerfer ins Jenseits befördert. Damit, dachte ich, sollte die Sache erledigt sein. Wenn die Oberste Heeresleitung (OHL) der irgendwo in einem Hinterhalt liegenden Ameisenarmee bemerken würde, dass die Vorhut nicht zurückkommt, würde sie sich auf einen anderen Kriegspfad begeben. Zum Beispiel zu Iain, der unter mir wohnt und so oft aufs herrlichste duftende Gerichte kocht, dass ich als Ameise wüsste, wo ich nach Resten suchen würde.

Allerdings hatte ich durch das Auslöschen des gesamten Spähtrupps offenbar die Neugier der OHL – man kann es nicht anders sagen – befeuert. Jedenfalls wurde ich fünf Tage nach dem Flammeninferno eines neuen Spähtrupps gewahr. Diesmal hatte die OHL ernst gemacht und ihre 1. Kohorte geschickt. Der Centurio lief keck voran, die Soldaten folgten so zahlreich wie entschlossen, und dass ich ebenfalls im Raum war, ignorierte die Truppe bewusst. »Wir«, sagte das Verhalten der Kohorte, »schauen uns jetzt erst mal ganz in Ruhe um.«

Die Ameisen hatten offensichtlich nicht damit gerechnet, dass ich meinen Clausewitz durchaus studiert habe. Zudem hatte ich aufgerüstet. Da ich dann doch irgendwie geahnt hatte, dass die Ameisen-OHL sich vom Tod ihrer fünf Spähsoldaten nicht beirren lassen würde, hatte ich meinerseits eine Erkundung des örtlichen Supermarkts unternommen. Als ich vor dem Regal mit den Insektenvernichtungswaffen stand, wusste ich, dass mein kleines Problem in London wohlbekannt ist. Das Regal erstreckte sich über zwei Meter. In Deutschland gibt es mehr als dreißig Sorten Waschmittel, hier gibt es mehr als dreißig Sorten Insektenkiller. Ich entschied mich für die signalrote Dose der Qualitätsmarke »Raid« (Angriff), auf der steht: »Kills Bugs Dead« – Tötet Käfer Tot.

Zwar bin ich ein überaus friedfertiger Mensch und kann nicht mal böse gucken, und ich mag Tiere, aber bei Ameisen hört der Spaß, wie gesagt, auf. Als die 1. Kohorte sich anschickte auszuschwärmen, hatte ich »Raid« lange genug geschüttelt. Dann sprühte ich.

Ich bin mir ziemlich sicher, dass das, was in den folgenden Sekunden geschah, als »das äußerst fürchterliche Massaker von Belsize Park« in die Geschichte dieses Ameisenvolkes eingehen wird. Niemand überlebte. Bis auf die eine Ameise, die ich aus dem Augenwinkel erspähte, während sie auf eine Ritze in der Wand zustrebte. Ich ließ sie leben. Leben, um davon zu erzählen.

Superkill

Ich habe über einen toten Hund in einem geklauten Videorekorderkarton geschrieben. Über die Beziehung von Wassereis zum Teufel. Einmal schrieb ich über einen Knöllchenverteiler mit volltätowierten Armen, der morgens um 4:30 Uhr, als die Sonne das Meer in Flammen setzte, den Falschparkern einer kleinen Hafenstadt auflauerte. Dann wechselte ich zur SZ und schrieb über Lothar Matthäus. Ich habe von einem Japaner erzählt, der aus London mit dem Zug nach Hause fährt, weil er Flugzeuge mit einigem Recht für ein bisschen unheimlich hält. Ich schrieb von der Begegnung mit einem Politiker, der sich im Treppenhaus eines Hotels in Manchester verlaufen hatte, nachdem er zuvor 32 Tage lang zielstrebig durch Afghanistan gewandert war. Aber nie hat mich eine solche Flut an Briefen erreicht wie neulich, als ich über Ameisen geschrieben hatte.

Sagen wir es so: Ich bin kein Freund von Ameisen. Tiere finde ich insgesamt okay. Katzen finde ich lässig. Hunde finde ich freundlich. Aber Ameisen geben mir ein schlechtes Gefühl. Es liegt gar nicht mal an ihrer Insektenhaftigkeit. Käfer zum Beispiel halte ich für sympathische kleine Gesellen. Wenn sich mal einer in meine zugige Wohnung verirrt, trage ich ihn vorsichtig raus ins Grüne. Spinnen? Kein Problem. Fange ich in einem Glas, trage sie raus. Meine Abneigung gegen Ameisen – ich weiß nicht. Ist es das Militärische?

Die meisten Briefe kamen von deutschen Ehepaaren, die sich Häuser im Süden Europas gekauft hatten. Sie bescheinigten mir, ein Weichei zu sein, weil ich wegen einer kleinen Ameisenkohorte in meiner Wohnung nervös geworden war. Ein Paar berichtete, wie es nach der ersten Nacht im neuen Haus in Frankreich aufwachte und vollkommen von Ameisen bedeckt war. Aus Italien schrieb Leser M., er habe nun 100 000 Ameisen getötet (mit »Superkill«), aber es kämen immer mehr. Ein Leser teilte eine Vision mit mir: »Da ist dieses Dorf, das einen Graben voll brennenden Öls um die Häuser gezogen hat. Aber die Ameisen stürzen sich zu Hunderttausenden in den brennenden Graben und bauen so eine Brücke für die anderen Ameisen, die beharrlich nachrücken.« Er könne, schrieb der Leser, sich nicht erinnern, ob er das selbst erlebt habe, ob es ihm jemand nach einer Südamerika-Reise erzählte, oder ob es in einem gar nicht mal so guten Roman stand.

Die Briefe habe ich, wie alle Post, sorgsam beantwortet. Ich teile den Horror. Ich fühle mit. Hier in London, das möchte ich immer noch glauben, lässt sich das Problem mit drei Dosen »Raid« und einem Vorrat an Backpulver beherrschen. Aber natürlich tue ich nach Lektüre der vielen Briefe nachts kein Auge mehr zu.

Ich-König-Geschichte

An der U-Bahn-Station Charing Cross hatte ich ausnahmsweise den richtigen Ausgang erwischt. Charing Cross hat verwirrend viele Ausgänge, je nachdem, welchen man nimmt, steht man auf dem Trafalgar Square, an der Themse oder an seltsamen Orten, die in keiner Karte verzeichnet sind. Oder man landet aus Versehen, wo man will, in diesem Fall auf der Straße »The Strand«, die sich durch eine ausgewogene Mischung von Kettenkaffeeläden, Theatern, Klamottenshops und zu teuren Hotels auszeichnet. Ein Fahrradfahrer rauschte vorbei, aus dem Augenwinkel sah ich, dass ihm etwas aus der Jackentasche direkt in einen Gully fiel.

Was dann passierte, fällt in die von meinem Kumpel Lehmann so genannte Kategorie der »Ich-König-Geschichte«: Weil man zu gut darin wegkommt, darf man sie eigentlich nicht erzählen. Lehmanns Regel lautet: außer manchmal.

Vor einigen Jahren erhielt ich einen Anruf vom Handy meiner Frau. Es war ein Typ dran, der mich auf Französisch vollquatschte. »Sehr witzig«, sagte ich, »gib mal meine Frau ran.« Der Typ erklärte mir, er kenne meine Frau nicht. »Unfassbar komisch«, sagte ich gelangweilt. Der Typ sagte, er habe das Handy gefunden, meine Frau könne ihn ja anrufen, ihm sei's wurscht. Es dämmerte mir, dass das kein Witz war. »Okay«, sagte ich besorgt, »vielen Dank«. Der Typ erwies sich als sehr netter Belgier, der das Handy zurückgab, ohne damit vorher seine sämtlichen Freunde in Übersee angerufen zu haben.

Mit dieser Erinnerung spazierte ich nun die fünf Schritte zum Gully und spähte unauffällig hinein. Da lag tatsächlich ein Handy. Nicht im Mindesten bin ich esoterisch veranlagt, aber mir war klar, dass dies der Tag der Rückzahlung war. Zum grauen Anzug trug ich ein lilafarbenes Hemd (kein Witz), weil ich einen Termin hatte. Derart gewandet kniete ich mich auf die Straße und fummelte zwischen den Streben des Kanaldeckels herum. Drei Minuten lang. Dann hatte ich das matschbedeckte Handy herausgefischt und einen drei Zentimeter langen Riss auf dem Handrücken. Die Passanten schauten mich an wie einen gefährlichen Irren. Ich ging ins nächstgelegene zu teure Hotel, schmuggelte mich aufs Klo, wusch Hände und Handy und improvisierte mit einem Papierhandtuch einen Verband.

Während meines Termins klingelte das Gully-Handy. »Hallo«, sagte ich. »Gary!«, rief eine Stimme. Ich erklärte, dass ich nicht Gary sei, was mit den Worten »sehr witzig« quittiert wurde. Eine Stunde später folgte die Übergabe. Als sehr netter Deutscher händigte ich das Telefon aus, ohne damit vorher meine sämtlichen Freunde in Übersee angerufen zu haben, was nicht nur daran lag, dass es mir nicht gelungen war, die Tastensperre aufzuheben.

Ein unüberwindbarer Rest von Distanz

Coen hatte bereits eine Stunde vor Anpfiff darauf hingewiesen, dass die Holländer das letzte Tor schießen würden. »Ihr schießt immer das erste Tor, wir schießen immer das letzte«, sagte er. Wir einigten uns darauf, dass das WM-Finale von 1974 die Ausnahme war, die die Regel erst bestätigt. Damals schoss Johan Neeskens das erste Tor, und nach dem Ausgleich durch Paul Breitner beliebte Gerd Müller das letzte Tor der Begegnung zu erzielen. Deutschland wurde Weltmeister. Aber sonst, sagte Coen, gelte immer: »Ihr das erste, wir das letzte.« Gut, wandte ich ein, vielleicht ist »ihr« etwas übertrieben, weil es ja eher »die« sind, die da spielen. Aber diese Spitzfindigkeit ließ Coen nicht gelten. »Ihr schießt immer das erste Tor, wir schießen immer das letzte«, beharrte er.

Wir hatten das Fitzrovia Belle an der Tottenham Court Road ausgesucht, um das Spiel anzusehen. Neutrales Gebiet. Viele Londoner Holländer schauen die Spiele ihres Teams im De Hems in Soho an. Die Londoner Deutschen gehen am Spieltag hingegen gern ins Zeitgeist in Lambeth. Im De Hems und im Zeitgeist herrscht ziemliche Heimspielatmosphäre, es wird viel gesungen. Im Fitzrovia Belle hängen vier große Bildschirme, für die sich außer uns niemand wirklich interessierte. Die Menschen verspeisten riesige, mit Pilzen und Stilton belegte Hamburger und spülten mit hellem Bier nach. Sie standen draußen vor der Tür und rauchten seelenruhig ihre Zigaretten. Dass hier drinnen ein Deutscher und ein Holländer es auf sich genommen hatten, den Kampf der Titanen gemeinsam anzusehen: Sie ahnten es nicht mal.

Als ich in den Achtzigern mit dem Inter-Rail-Ticket quer durch Europa fuhr, traf ich viele Holländer. Wir fuhren alle zu den gleichen Stränden in Frankreich und in Portugal und verstanden uns prima. Aber dennoch blieb stets ein scheinbar unüberwindbarer Rest von Distanz. Eine fließend Deutsch sprechende Holländerin fragte mich einmal, ob wir nicht auf Englisch weiterreden könnten. Sie ertrage es nicht länger, Deutsch zu sprechen. Also radebrechten wir auf Englisch weiter. Das war etwas albern, aber ich verstand, was sie meinte.

Coen und ich waren beim zweiten Pint Kronenbourg, als Gomez das 1:0 erzielte. »Ihr das erste, wir das letzte«, sagte er tapfer. Während das dritte Kronenbourg golden aus dem Hahn floss, schoss Gomez das 2:0. Nachdem ich einen riesigen, mit Pilzen und Stilton belegten Hamburger verspeist hatte, erzielte van Persie das letzte Tor der Partie. »Siehste«, sagte Coen. An der Bar orderte er das vierte Kronenbourg, und wir stießen darauf an, dass er Recht behalten hatte.

Zwischen der sechsten und der siebten Minute

In dieser Woche hat mir der Anrufer der British Telecom acht Minuten und zwanzig Sekunden abgerungen. Ich hatte meinen Teil des Gesprächs wie immer mit dem Satz eröffnet, dass ich nichts am Telefon kaufe. Die Hälfte der BT-Anrufer bedankt sich nach diesem Satz höflich, wünscht einen schönen Tag und legt auf. Die andere Hälfte nimmt die Herausforderung an. Seit geraumer Zeit versucht die BT-Drückerkolonne, ein Telefon- und Internetpaket namens BT Infinity zu verticken. Es unterscheidet sich von meinem jetzigen Paket dadurch, dass es wesentlich teurer ist. Es ist angeblich auch schneller und stabiler, aber meine Internetverbindung ist jetzt schon schnell und stabil. Das ist normalerweise mein nächster Satz am Telefon: »Mein Internet«, sage ich in den Hörer, »ist jetzt schon raketenschnell und hammerstabil. Ich brauche grad kein neues.« Nach diesem Satz geben sich weitere fünfundzwanzig Prozent der BT-Anrufer geschlagen. Die übrigen kommen jetzt erst in Form.

Da BT jede Woche anruft, um mich auf die Vorzüge von BT Infinity hinzuweisen, habe ich folglich einmal im Monat jemanden dran, der nicht aufgeben will. Selbstverständlich könnte ich einfach auflegen, aber das wäre nicht richtig. Es wäre, wie dem verführerischen Gesang der Sirenen zu widerstehen, indem man sich Wachs in die Ohren drückt: irgendwie unsportlich. Ich versuche stets, die BT-Leute loszuwerden, ohne unhöflich zu werden, was in der

Regel rund drei bis vier Minuten dauert. Die acht Minuten und zwanzig Sekunden aus dieser Woche sind ein neuer Rekord seitens der Telecom. Aufgestellt hat ihn ein Schotte, der so hartnäckig war, dass ich zwischen der sechsten und der siebten Minute tatsächlich kurz überlegte, ob so ein nagelneuer, turboschneller, superstabiler Internetanschluss nicht genau das war, was ich unbedingt brauchte. Der Schotte spürte den Moment der Schwäche, er rollte mir die »R«s um die Ohren, er pries das Paket als Eingang zum Glück, und nur mit großer Willensanstrengung gelang es mir, BT Infinity auch diesmal nicht zu kaufen. Aber es war knapp.

Der BT-Schotte sprach in Akzent und Stimmlage haargenau so wie Cairns Craig, der in den neunziger Jahren der beliebteste Literaturprofessor an der Universität von Edinburgh war. Wenn Craig in seinen Vorlesungen »French Revolution« sagte, rollte er die »R«s in einer Weise, die sämtliche Studentinnen so sehr verzückte, dass sie reihenweise beinahe in Ohnmacht fielen. Wir männliche Studenten waren sehr, sehr neidisch auf Cairns Craig, wir verehrten und wir hassten ihn. Erst heute, im Rückblick, wird mir klar, dass er »French Revolution« einen Tick häufiger sagte als unbedingt nötig.

Wir lieben den Tag, weil da die Sonne scheint

Großbritannien erlebt derzeit den nassesten Sommer seit Beginn der Aufzeichnungen. Tags steht keine Sonne am Himmel, der sich in festes Grau hüllt, nachts ist kein Mond am schwarzen Firmament zu sehen, aus dem unablässig Regen fällt. Jede Nacht gibt der Regen auf dem Dachfenster meines Schlafzimmers ein Konzert. Er hämmert, klöppelt und bolzt auf dem Fenster herum. Manchmal wischelt er kurz, um bald darauf zu scheppern und zu bollern, dann gibt er sehr plötzlich Ruhe, und es herrscht vollkommene Stille. Ganz London, so scheint es, hält in diesen Momenten den Atem an. Eine Minute. Zwei Minuten. Dann prasselt der Regen wieder breit auf die Straßen und Fenster. Klar, dass an Schlaf auch mit Ohropax nicht zu denken ist.

Gegen drei Uhr morgens gehe ich für gewöhnlich entnervt in die Küche, trinke ein Glas Milch und schalte im Wohnzimmer den Fernseher ein. Zum Glück läuft auf irgendeinem Privatsender immer ein Film mit Steven Seagal. Filme mit Steven Seagal sind so langweilig, so unwitzig, fade und rundum lächerlich, dass ich eine Schwäche für den Mann entwickelt habe. Bekannt wurde er 1992 mit *Alarmstufe: Rot*, einem öden Abklatsch des legendären *Stirb langsam* mit Bruce Willis. Für den saublöden Doppelpunkt in *Alarmstufe: Rot* kann Seagal nichts, den haben die Deutschen eingebaut, als sie den Originaltitel *Under Siege* (was ungefähr »Im Belagerungszustand« heißt) mehr oder weniger kreativ übersetzten. Seagal spielt einen

Schiffskoch (und, was zunächst niemand weiß: früheren Navy Seal), der ein paar Terroristen plattmacht, die sich erdreistet hatten, das Schlachtschiff USS Missouri zu kapern. Es sagt viel über Seagals Œuvre aus, dass *Alarmstufe: Rot* sein mit riesigem Abstand bester Film ist. Seagal ist heute mehr als sechzig Jahre alt und recht füllig, was ihn nicht davon abhält, noch immer in jedem neuen Film reihenweise Bösewichte mittels asiatischer Kampfkunst zu Boden zu strecken. Wenn er »kämpft«, wirkt er mittlerweile wie ein schüchtern winkender Panda. Es ist herzzerreißend. Sieben Goldene Himbeeren hat er bisher gewonnen, die für die jeweils mieseste filmische Leistung des Jahres vergeben werden. 1998 gewann er gemeinsam mit seiner Gitarre die Himbeere für das »schlechteste Team«. Er hatte in »Fire Down Below« in einer Kampfpause ein Lied zum Besten gegeben.

Dem Magazin Stern sagte er einmal: »Wir lieben den Tag, weil da die Sonne scheint, und wir lieben die Nacht, weil da der Mond am Himmel leuchtet.« Wenn ich nach knapp dreißig Minuten des jeweiligen Seagal-Films extrem ermattet ins Schlafzimmer zurückkehre und trotz des Regenkonzerts sanft entschlummere, träume ich stets von diesem Satz.

Manche sagen, der Regen sei biblisch

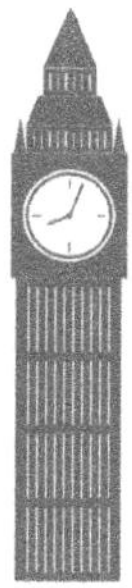

Am Mittwoch schien in London aus Versehen zwei Stunden lang die Sonne. Der Himmel war blau, Vögel sangen Lieder, auf den Straßen tauchten extrem weißhäutige Menschen auf, die sich in kurze Hosen gewandet hatten, welche den Blick auf sehr behaarte Beine freigaben. Es war Sommer, es war herrlich. Dann fielen genau eine Minute lang zweicentstückgroße Hagelkörner vom Firmament. Anschließend verfestigte sich der Himmel wieder in den üblichen hundertachtzig Schattierungen von Grau, aus denen es dauernieselte. Die kurzbehosten Menschen flohen nach Hause oder in die umliegenden Pubs, wo sie ohne größere Umschweife mit einer soliden Druckbetankung begannen.

Da ich weder Freund von kurzen Hosen noch von soliden Druckbetankungen bin, floh ich in langem nassem Beinkleid zum Spanier. Dort harrte ich bei einer halben Flasche Rotwein und zu vielen, aber exzellenten Tapas eine lange Weile aus und schaute dem Regen dabei zu, wie er in der Luft herumwirbelte. Viele glückliche Jahre lang habe ich in einer kleinen, norddeutschen Stadt am Meer gelebt, mir macht Regen also im Prinzip nichts aus. Aber dieser Londoner Sommer ist schwierig. Dieser Londoner Sommer geht an die Substanz.

Dass hier ohnehin immer so schlechtes Wetter wäre, ist ja noch niemals wahr gewesen. Millionen von Touristen erzählten jahrein, jahraus zu Hause stolz, sie seien gerade in London gewesen und hätten tolles Wetter gehabt. Nur ein, zwei Regentage, an denen es abends aber aufklarte. Die Touristen verbuchten es als besonderes, nur ihnen beschiedenes Glück, dass das Wetter okay war. Aber in Wahrheit ist das Wetter hier immer okay, und im Frühling oder im Herbst ist es sogar gut. Zugegeben, nicht romgut oder lissabongut, aber doch gut. Nur nicht in diesem Jahr.

In dieser Woche haben die Wasserwerke die letzten so genannten »hosepipe bans« aufgehoben. Seit dem Frühling war es in ganz Großbritannien verboten, die Gärten mit Schläuchen zu wässern, weil die vergangenen Jahre viel zu trocken waren und daher die Wasservorräte zur Neige gingen. Nur im Klischee gehört der Regen zu London, in Wahrheit ist es eine Stadt des Staubs. In diesem Jahr aber fällt der Regen so brutal und erbarmungslos über das Land her, dass die Wasserwerke trotz der chronisch undichten Leitungen Vorräte für Jahrhunderte anlegen konnten. An manchen Tagen regnet es mehr als sonst in einem Monat. An anderen Tagen regnet es mehr als sonst in einem Jahrtausend.

Manche sagen, der Regen sei biblisch. Ich bin da skeptisch. Aber an dem Mittwoch, als in London aus Versehen zwei Stunden lang die Sonne schien, beschloss ich, nie wieder leichte Konversation über das Wetter zu machen.

Return to Sender

Jeden Monat erhalte ich Post für David Aserkoff. Da ich nicht David Aserkoff bin, schreibe ich stets in großen, sehr lesbaren Buchstaben RETURN TO SENDER auf den Umschlag und werfe ihn in den nächsten Briefkasten. Das ist kein großer Aufwand, der Briefkasten steht am Weg zum Zeitungshändler. Ich weiß, ich könnte mir die Zeitungen liefern lassen, aber dann müsste ich auf das allmorgendliche Gespräch mit dem Newsagent verzichten. Als ich an meinem ersten Tag in London den Laden betrat, fragte er mich, ob ich neu in der Stadt sei, was ich bejahte. Es war ein sonniger Spätsommertag, die Häuser im Viertel leuchteten weiß, die Blätter an den Bäumen wechselten schon allmählich die Farbe. »Welcome to the village!«, sagte der Newsagent feierlich, und in diesem Moment wusste ich, dass diese ganze Londonsache unter einem guten Stern stehen würde.

An den Tagen, an denen ich die Post für David Aserkoff wieder in den roten Briefkasten werfe, habe ich stets den Elvis-Presley-Song »Return to Sender« im Kopf und werde ihn oft lange nicht mehr los. Der Refrain geht so: »Return to sender, address unknown. No such number, no such zone.« Das Lied handelt von einem Mann, der sich mit seiner Liebsten gestritten hat und sich nun per Brief entschuldigen will. Aber der Brief kommt immer wieder zurück. Es ist nicht das allerbeste Lied von Elvis Presley. Ehrlich gesagt nervt es sogar ein bisschen.

Selbstverständlich habe ich noch nie einen der Briefe an Mr Aserkoff geöffnet. Manchmal schreibe ich unter RETURN TO SENDER noch den Hinweis, dass Mr Aserkoff schon seit vielen Jahren nicht mehr hier wohnt. Einmal schrieb ich, etwas wütend, weil ich wieder diesen verdammten Ohrwurm hatte: STOP SENDING THESE LETTERS NOW! Aber es hilft nichts, einmal im Monat liegt verlässlich die Post für David Aserkoff im Briefkasten. Meine Vormieter wohnten hier trotz des Vogelscheißflecks auf dem Dachfenster, der sich von innen nicht entfernen lässt, vier Jahre lang. Sie waren sehr nette Menschen, die zu einer Weltreise aufgebrochen sind, aber sie hießen genauso wenig Aserkoff wie ich.

Der Newsagent ist der Ansicht, ich solle mal einen der Briefe öffnen. Falls ich Skrupel hätte, würde er mir gern behilflich sein, sagt er. Er ist mittlerweile noch gespannter auf den Inhalt der Briefe als ich. Manchmal fragt er morgens nicht: »Wie geht's?«, sondern: »Post für Aserkoff?« Dass es sich bei den Briefen an David Aserkoff um eine Entschuldigung handelt oder gar um eine Liebeserklärung, bezweifle ich. Der Absender ist stets eine New Yorker Filiale der Credit Suisse.

Ballermann Basel

Der Leica-Mann trug ein blau-weiß gestreiftes Hemd, eine Hose in Ocker und weiße Turnschuhe. Quer über seine Brust spannte sich der Riemen einer Tasche, auf der in großen Buchstaben »French Connection« stand. Das ist eine Modefirma, die vor allem bekannt geworden ist, weil sie sich in Anlehnung an ihren vollen Firmennamen »French Connection UK« als FCUK abkürzt. Der Trick ist natürlich, dass das Hirn Buchstaben in falsch geschriebenen Wörtern so umsortiert, dass Sinn entsteht. Solange alle Buchstaben vorhanden sind und der erste und der letzte an der richtigen Stelle stehen, klappt das. Vliehlciet kmomt Inehn das uwhrisanlchneich vor, aebr es smtmit.

In dem irrsinnig guten Film *The French Connection* von 1971 spielen Gene Hackman und Roy Scheider zwei Ermittler vom New Yorker Drogendezernat. Berühmt ist der Film unter anderem für eine der besten Verfolgungsjagden, die je gedreht worden sind: Hackman verfolgt in einem Pontiac LeMans eine Hochbahn. Weite Teile der Jagd hat Regisseur William Friedkin selbst gedreht, als er mit einem Stuntman, der Jack Daniel's zu seinen besten Freunden zählte, illegal durch New York raste. Welch ein Glück, dass Friedkin damals nicht das Gleiche passiert ist wie nun dem Leica-Mann.

Es sei noch am Rande bemerkt, dass man in Deutschland der Ansicht war, Kinogänger wären mit einem komplexen Titel wie *The French Connection* überfordert. Also übersetzen die deutschen Verleiher den Titel als *Brennpunkt Brooklyn.*

Der Leica-Mann hatte sich in der Londoner U-Bahn-Station Swiss Cottage aufgebaut, was sich gemäß den Regeln des deutschen Filmverleihs als *Zürich zügellos* oder *Ballermann Basel* übersetzen lässt. Wenn Leute mit einer Leica hantieren, ist in der Regel davon auszugehen, dass sie es ernst meinen mit der Fotografie. Große Nikons mögen die Pontiac LeMans unter den Kameras sein. High-End-Leicas sind die Ferraris. Ich habe lange von einer Leica geträumt, deshalb war mir der Leica-Mann mit seiner wunderschönen M6 sofort aufgefallen. Als die Station vom Scheppern der heranrasenden U-Bahn erfüllt wurde, ging der Leica-Mann leicht in die Hocke. Es sah aus, als mache er sich in einem französischen Plumpsklo bereit fürs große Geschäft. Dann knipste er, Bild um Bild um Bild, bis die U-Bahn stand. Anders als der Leica-Mann stieg ich ein. Als ich aus dem anfahrenden Zug einen letzten Blick auf den Leica-Mann warf, stand er wieder knipsend in der französischen Hocke. Kurz bevor mein Waggon in den schwarzen Tunnel tauchte, bemerkte ich, dass der Leica-Mann es versäumt hatte, den Deckel vom Objektiv zu nehmen. Ich bin ziemlich sicher, dass er später beim Blick auf all die schwarzen Bilder leise Fcuk gesagt hat.

Wie große Sterne auf dem Rücksitz

Das Taxi rumpelte durch die nächtlichen Straßen. Der Fahrer zögerte an keiner Kreuzung, er kannte den Weg. Londoner Taxifahrer müssen jede der 25 000 Straßen in einem Zehn-Kilometer-Radius um Charing Cross kennen. Wer eine Lizenz für ein Londoner Taxi haben will, muss zudem 320 Routen durch die Stadt auswendig lernen. Der Fahrer hieß John. Er sagte, ich solle ihn als »John Black Cab« in meinem Telefon speichern. Dann könne ich ihn immer anrufen, wenn ich einen Wagen brauche, und wenn er gerade in der Nähe sei, komme er sogar vorbei. Mir gefiel die Idee, einen Privat-Taxifahrer zu haben, der nur vorbeikommt, wenn's ihm grad in den Kram passt. Also tippte ich seine Nummer ins Telefon.

Als wir meine Wohnung erreichten, stieg ich aus. Bei schwarzen Taxis gilt: erst aussteigen, dann durchs Fenster zahlen. In Minicabs zahlt man im Auto. So ist die Regel. Ich griff in die Innentasche meiner Jacke, in der sich normalerweise mein Portemonnaie befindet, und fand: Leere. Ich griff in jede andere Tasche der Jacke und fand Schlüssel, Telefon, U-Bahn-Karte und Fisherman's Friends, Geschmacksrichtung Minze.

Wer ein schwarzes Londoner Taxi steuert, hat drei bis vier Jahre damit zugebracht, die Straßennamen zu lernen. In dieser Zeit durchqueren die künftigen Fahrer die Stadt wieder und wieder auf einem Motorroller. Sie sind überall: Männer auf Rollern, die sich die Gegend einprägen. Selten sieht man eine Frau. Am Ende legen die Fahrer einen Test ab, der »The Knowledge« heißt, das Wissen.

Ich erzählte John die Wahrheit: Ich hatte geträumt, dass ich mein Portemonnaie verlieren würde. Nun war es passiert. Er schaute mich voller Skepsis an. Ich rief zehnmal beim stets erstaunlichen G. an, einem guten Freund, bei dem ich zu Abend gegessen hatte, aber es ging niemand mehr ran. John fragte: »Du hast wirklich geträumt, dass du dein Portemonnaie verlieren würdest?« Ich nickte. John dachte nach. Dann sagte er: »Du hast meine Nummer«, und rumpelte in die Nacht. Entweder war er der naivste Taxifahrer der Stadt oder ein großer Menschenkenner.

In meiner Wohnung kramte ich eine vergessene CD der Band Suede aus dem Regal und hörte ein Lied, in dem es erfrischend sinnlos heißt: »Manchmal fliegen wir in einem Taxi an die Enden der Stadt, wie große Sterne auf dem Rücksitz, wie Skelette so wunderschön.« Als ich am nächsten Morgen aufwachte, rief G. an, um zu fragen, wie ich den Taxifahrer bezahlt hätte, da ja mein Portemonnaie bei ihm auf dem Küchentisch liege. In sah mein Handy durch und fand tatsächlich den Eintrag »John Black Cab«. Er ging beim zweiten Klingeln ran und sagte: »Ich wusste, dass du anrufen würdest.«

Christian Zaschke is away

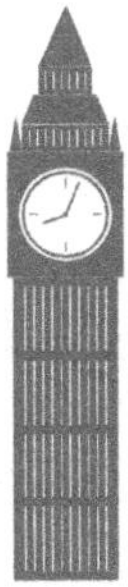

Mein Lieblingskoch Hugh Fearnley-Whittingstall hat Urlaub. Das habe ich dem Guardian entnommen. Normalerweise schreibt Fearnley-Whittingstall jeden Samstag im Magazin des Guardian diese herrliche Kolumne, in der es ums Essen geht. Zuletzt hatte er leider eine Schwäche für Gerichte aus Beeren entwickelt, was sich nicht direkt mit meinen Vorlieben deckt. Brombeeren, Himbeeren, Preiselbeeren, Johannisbeeren, Stachelbeeren, Heidelbeeren, Holunderbeeren, jede Woche pries Fearnley-Whittingstall eine neue verdammte Sorte Beeren an und präsentierte Beeren-Rezepte. Dass er gerade Urlaub hat, wissen Leser des Guardian, weil derzeit samstags in der Zeitung steht: »Hugh Fearnley-Whittingstall is away.«

Meine Lieblingskolumnistin Caitlin Moran hat ebenfalls Urlaub. Das habe ich der Times entnommen. Jeden Samstag schreibt Moran im Magazin der Times eine Kolumne, in der es im Wesentlichen um allgemeine Befindlichkeiten, die Rolle der Frau in der modernen Gesellschaft und das möglichst beiläufige Abfeuern von gut abgehangenen Witzen geht. Dass sie Urlaub hat, wissen Leser der Times, weil samstags in der Zeitung steht: »Caitlin Moran is away.«

In Deutschland müssen Kolumnisten immer liefern, 52 Wochen im Jahr. Wer hingegen in Großbritannien etwas gilt als Kolumnist, schreibt nicht im Urlaub. Da das Land sich im August nahezu vollzählig an die Küsten begibt, werden sämtliche Kolumnen derzeit von Aushilfskräften verfasst. Diese verdanken ihren Auftritt der Tatsache, dass die Starkolumnisten zwar so wichtig sind, dass auf ihre Abwesenheit hingewiesen wird, aber nicht so bedeutsam, dass ihr angestammter Platz einfach leer bleibt, wenn sie belieben, ausnahmsweise nicht zu schreiben. Das hat nur Jeffrey Bernard geschafft. Bernard schrieb bis zu seinem Tod im Jahr 1997 die Kolumne »Low Life«, die im Spectator erschien. Meist ging es darum, was sich in seinem Stammpub zutrug, dem Coach & Horses in Soho. In erster Linie trug sich dort zu, dass Bernard sehr viel und dann noch mehr trank, was dazu führte, dass er bisweilen unpässlich war. Oft überredete er Fremde dazu, ihm einen Drink zu spendieren. Manchmal beschied er den Fremden, sobald er den Drink in der Hand hielt, sie mögen sich jetzt bitte schleunigst verpissen. Der Autor Keith Waterhouse hat ein Theaterstück über Bernard geschrieben, das als eines der witzigsten der englischen Sprache gilt. Peter O'Toole spielte bei der Uraufführung 1989 die Hauptrolle.

Wenn Jeffrey Bernard, weil er im Coach & Horses sehr viel und dann noch mehr trank, ausnahmsweise nicht zum Schreiben kam, druckte der Spectator anstelle der Kolumne nur einen Satz auf die weiße Weite der Seite: »Jeffrey Bernard is unwell.«

Spur des Verbrechens

Als der stets erstaunliche G. und ich am Mittwochabend das Artillery Arms durch die Seitentür betraten, lief dort gerade die Titelmelodie der Krimiserie *Starsky & Hutch*. Das wäre mir nicht weiter aufgefallen, wenn nicht einer der Männer am Tresen gesagt hätte: »Ah, ihr seid dann wohl die Zivilbullen.« Das Artillery Arms ist ein kleiner Pub am Rande der City, in dem es eine schöne Auswahl an Ales gibt. Manche Menschen bezeichnen Ale als lauwarmes Laffbier ohne Geschmack, andere Menschen preisen es als die wahre Königin der gebrauten Getränke. G. bestellte sich ein Fuller's ESB, ein Ale, ich nahm ein Guinness, ein Stout. G. fragte den Mann am Tresen: »Warum sollten wir Zivilbullen sein?« Der Mann sagte: »Vor der Tür wurde eben jemand niedergestochen, ihr habt beide Lederjacken an, und seit ihr hier reinkamt, läuft das Lied von *Starsky & Hutch*.«

Wir schauten zum Haupteingang, die Tür stand offen, auf dem Bürgersteig breitete sich eine Blutlache aus. »Was ist passiert?«, fragte ich. Der Mann sagte: »Ein Typ ist in der Nähe niedergestochen worden und hat sich hierhergeschleppt. Ein Rettungswagen hat ihn dann ins Krankenhaus gebracht.« Das Artillery Arms sieht so aus, wie man sich eine ideale Stammkneipe entwerfen würde, dunkles Holz, warmes Licht, und eine Speisekarte, auf der die Würste mit Kartoffelpüree und Wirsing klingen wie ein Sternegericht: »Gloucester Old Spot sausages, mash, savoy cabbage and onion gravy«.

G. und ich gingen vor die Tür, um eine zu rauchen. Wir hielten respektvollen Abstand von der Blutlache, die, wie wir nun sahen, von einem uniformierten Polizisten bewacht wurde. Bald kam ein zweiter Polizist hinzu und machte sich daran, ein Absperrband um den Pub zu ziehen, auf dem stand: »POLICE – DO NOT CROSS«. G. und ich standen innerhalb der Absperrung, wir waren jetzt also Teil der Crime Scene. Wir rauchten.

Nach einer Weile kam einer der Polizisten zu uns rüber. Er stellte ein paar Fragen, aber wir hatten ja nichts gesehen. »Hmhm«, sagte er, »ist Ihnen vielleicht auf dem Weg hierher etwas Verdächtiges aufgefallen?« Wir schüttelten den Kopf. »Hm«, sagte er, »zum Beispiel ein Mann mit einem Messer?« Ich wollte gerade antworten, als der Polizist sagte: »War nicht ganz ernst gemeint.« Er ging nach drinnen, um die anderen Gäste zu befragen.

G. nahm einen Schluck Fuller's ESB und schüttelte sich. Er stellte das halb volle Glas ab und holte sich von drinnen ein Lager. Wir tranken. In der Crime Scene. »Das ist irgendwie pietätlos«, sagte ich, »sollen wir nicht vielleicht woanders hingehen?« G. nahm einen tiefen Zug von seiner Zigarette, er schüttelte den Kopf und sagte: »Ich hab mir doch grad erst ein neues Bier geholt.«

Warten auf Ocadot

Während der stets erstaunliche G. und ich in einer Crime Scene vor dem Artillery Arms herumstanden, weil G. gern sein frisches Bier austrinken wollte, fuhr ein Lieferwagen von Ocado vorbei.

Ocado ist der Lieferdienst einer Supermarktkette. Normalerweise gehe ich zu meinem kleinen Laden um die Ecke und trage die Einkäufe selbst nach Hause. An diesem Tag aber hatte ich morgens eine Lieferung bestellt, die um spätestens sechs Uhr abends bei mir ankommen sollte. Um fünf hatte G. angerufen und gefragt, ob wir gegen sieben ein Feierabendbier trinken sollten. »Unbedingt«, sagte ich, »ich muss nur diese Lieferung abwarten, die kommt vor sechs.« G., der vorgab, sich mit Lebensmittellieferungen auszukennen, sagte: »Okay. Wir sehen uns dann gegen neun.«

Ich hatte zuvor ein einziges Mal etwas in London bestellt, einfach, um es mal auszuprobieren. Es waren zwei Kisten Wein für ein kleines Fest, und sie kamen eine halbe Stunde zu früh. Also hatte ich Vertrauen gefasst. Ab sechs Uhr erwartete ich das Klingeln jede Sekunde. Um fünf nach sechs wurde ich ein bisschen ungeduldig. Um zehn nach sechs sagte ich mir: Jetzt bloß nicht die Nerven verlieren! Um Viertel nach sechs machte ich den ersten Fehler: Ich schaute aus dem Fenster. Wer auf einen Lieferservice wartet und aus dem Fenster schaut, wird mit Verspätung nicht unter einer Stunde bestraft. Ich rief G. an und sagte: »Kleine Verzögerung.« Er sagte: »Mach dir ne Kippe an, dann kommt er sofort.« Das war der zweite Fehler: Wer auf einen Lieferservice wartet und sich eine Beschleunigungszigarette anzündet, wird mit Verspätung nicht unter zwei Stunden bestraft. Ab sieben Uhr stand ich durchgehend am Fenster, ab halb acht hatte ich keine Zigaretten mehr und schaute der Sonne dabei zu, wie sie allmählich unterging. Wenn G. auf dem Handy anrief, drückte ich ihn weg. Um acht klingelte es. Ich hatte den Wagen auf der Straße nicht mal gesehen.

Als wir knapp eine Stunde später vor dem Artillery Arms in der Crime Scene standen und der Ocado-Wagen vorbeifuhr, sagte G.: »Ich hab schon die Überschrift für deine nächste Kolumne.« Ich schaute auf das Absperrband, ich schaute auf sein immer noch dreiviertelvolles Bier, ich schaute nirgendwo hin. Ich sagte: »Okay, sag' es.« G. sagte: »Warten auf Ocadot.«

Nervös wie ein Hydrant

Die Bar Italia liegt in Soho. Sie wurde 1949 von Lou und Caterina Polledri gegründet und preist sich recht unbescheiden als »freundlichste Kaffeebar Londons«. Noch immer ist sie im Besitz der Familie Polledri, und die Menschen in der Bar sind wirklich sehr nett. Es gibt dort italienische Zeitungen, die von Italienern gelesen werden, zudem von Nicht-Italienern, die aus irgendwelchen Gründen Italienisch können, und natürlich von Menschen, die so tun, als könnten sie Italienisch, und die zudem finden, dass das rosafarbene Papier der Gazzetta dello Sport gut zu ihrem Hemd passt. Die Baristi machen einen feinen Espresso, sie benutzen dazu eine kleinwagengroße Gaggia-Maschine, die den Kaffee unter Fauchen, Kreischen und Brummen in die kleinen Tassen spuckt.

In Berlin gibt es ebenfalls eine Bar Italia, sie liegt in Kreuzberg. Mein Bekannter S. hat mir geschrieben, dass es dort auch Zeitungen gibt, und zwar genau drei Stück. Es seien dies die SZ, die SZ und die SZ. Für jeden Zeitung lesenden Menschen ist diese Bar natürlich das Paradies. Außer für meinen alten Freund B., der sich hartnäckig weigert, die SZ zu lesen. Wenn ich bei ihm zu Besuch bin, liest er mir demonstrativ Artikel aus der Frankfurter Allgemeinen Sonntagszeitung vor, die er als seine Lieblingszeitung bezeichnet. »Die SZ ist mir zu langweilig«, sagt er, wenn ich anbiete, ihm ein Abo zu Weihnachten zu schenken. »Und die FAS nicht?«, frage ich dann leicht gereizt.

»Nein«, sagt er genüsslich, »die FAS nicht.« Man kann sich seine Freunde nicht aussuchen.

Mein Bekannter S. hingegen schreibt, dass in der Berliner Bar Italia die SZ mit gelassenem Eifer und munterem Ernst studiert werde. Wenn ich ihn richtig verstehe, sitzt er samstags beim Espresso in der Bar und liest die komplette SZ von vorne bis hinten durch. Besser kann man einen Berliner Samstag wohl kaum verbringen. Um 18 Uhr macht die Bar zu, und man muss sehen, wo man bleibt.

In der Londoner Bar Italia hängt hinter dem Tresen ein Poster des Boxers Rocky Marciano. Der war zwar Amerikaner, aber Kind italienischer Einwanderer, weshalb die Gazzetta dello Sport über ihn schreibt: »Rocky Marciano è nato nel Massachusetts ma il suo Dna è italiano, abruzzese.« Marciano hat in neunundvierzig Schwergewichtskämpfen neunundvierzigmal gewonnen. Nicht die SZ und auch nicht die FAS, sondern das Magazin Life hat über ihn den schönen Satz geschrieben: »Vor einem großen Kampf war Marciano ungefähr so nervös wie ein Hydrant.« Wenn es in Soho dunkel wird, steigt man in der Bar Italia von Espresso auf Bier der Marke Peroni um. Besser kann man einen Londoner Samstag nicht verbringen. Um fünf Uhr morgens macht die Bar Italia zu, dann muss man sehen, wo man bleibt.

Das freundlichste Hasenlächeln der Welt

Wenn der Zug aus London in Brighton einfährt, ächzt und knarzt er, als wäre er aus morschem Holz gebaut. Auf den letzten paar hundert Metern bewegt er sich in Schrittgeschwindigkeit. Rechts erhebt sich ein Hügel, der sicherheitshalber zubetoniert wurde. Links steht eine hässliche Mauer angelegentlich in der Gegend herum, als wollte sie sagen: »Sieh, wie hässlich ich bin. Wenn's dir nicht passt, kannste ja auf den zubetonierten Hügel schauen.« Schließlich eröffnet sich der Blick auf einen schmucklosen Kopfbahnhof, der mal wieder gefegt gehört. Hie und da sind Fahrscheinautomaten hingetupft, vor denen bemerkenswert schlecht gelaunte Menschen mittellange Schlangen bilden. Na, dachte ich, milde gestimmt, gibt doch keinen Grund, wegen einer mittellangen Schlange gleich schlechte Laune zu kriegen.

Brighton ist ein hübscher Ort, den die Touristenströme auf wunderbare Weise nicht kaputtgekriegt haben. Gut, der Brighton Pier ist gewöhnungsbedürftig, aber richtig schlimm ist er nicht. Es handelt sich um einen monströsen Steg, der mit einer ausgewogenen Mischung aus Spielhallen, Fish-&-Chips-Buden, Restaurants und Karussells bebaut ist. Ganz am Ende steht sogar eine kleine Achterbahn, die lauter ächzt und knarzt als der Zug aus London. Auf Hinweisschildern werden die Besucher ermahnt, beim Aufsuchen eines Restaurants doch bitte unbedingt Oberbekleidung zu tragen. In einem Planwagen residiert eine

Tarotkartenleserin. Wenige Meter weiter findet sich der Pediküresalon, in dem man seine Füße in ein Wasserbecken hält und sich von sehr kleinen Fischen die Hornhaut abnagen lässt. Fünfzehn Minuten Nagen à zehn Pfund. In der Innenstadt von Brighton lässt es sich aufs Trefflichste einkaufen, insbesondere wenn man Spazierstöcke, Briefkästen, Türgriffe oder Langspielplatten aus den Siebzigern sucht.

Als ich nach zwei Tagen leider abreisen musste, bemerkte ich, dass die Touchscreens der Fahrscheinautomaten auf Berührung entweder allergisch oder gar nicht reagieren. Ein Automat schluckte meinen 20-Pfund-Schein, gab ein schreddernides Geräusch von sich und tat dann so, als sei nichts. Umgehend stieg eine bemerkenswert schlechte Laune in mir auf. Zum Glück eilte nach einigen Minuten eine uniformierte Frau mit blond gefärbtem Haar und einem sagenhaften Überbiss herbei. »Hey Love«, rief sie, »hat er wieder einen Schein gefressen?« Ich nickte. Sie öffnete zwei Sicherheitsschlösser, friemelte meinen zerknüllten Schein aus dem Inneren des Automaten und sagte mit dem freundlichsten Hasenlächeln der Welt: »Zwanziger mag er am liebsten.« In diesem Moment machte sich auf Gleis 7 mein Zug daran, gen London zu knarzen.

Reichlich Zigaretten, jede Menge Argwohn

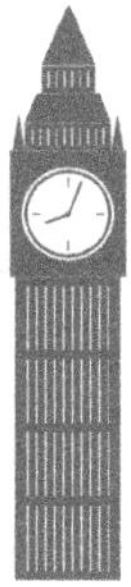

Seit einigen Wochen lese ich mich rückwärts durch einen Roman von John le Carré. Ich hatte das Buch eines Sonntags aus dem Regal genommen, wo es betont unauffällig herumstand, und mich, da es recht unterhaltsam war, gleich bis zur Mitte vorgearbeitet.

An den Tag kann ich mich gut erinnern, weil es ohne Unterbrechung regnete. Zwar regnet es in London nicht gerade selten, aber fast niemals ununterbrochen. Selbst wenn es draußen so aussieht, als habe Gott die Nase endgültig voll von der Menschheit und flute die Erde ein zweites Mal, kann man sich ziemlich sicher sein, dass es drei Stunden später wieder trocken ist. An diesem Sonntag aber trommelte der Regen so unaufhörlich auf die Scheiben, dass ich kurz hoffte, er würde sogar den faustgroßen Fleck Vogelscheiße auf dem Schlafzimmerfenster wegspülen, doch diese Hoffnung erfüllte sich nicht. Der Vogelscheißfleck verlor nicht das kleinste bisschen an Substanz, und das ist im Grunde auch okay so. Ich habe mich längst an den Fleck gewöhnt und würde ihn womöglich sogar vermissen. Ich kann ihn nun mal nicht selbst wegmachen, und ich werde sicherlich nicht auf das Dach klettern, um ihn abzukratzen. Seit ich die Altersregion des mittelalten Sacks erreicht habe, ist mir die beherzt-dumme Furchtlosigkeit des jungen Mannes leider abhandengekommen. Ich kriege schon Höhenangst, wenn ich auf einen Stuhl steige, um eine Glühbirne zu wechseln.

Während es an diesem Sonntag also ununterbrochen regnete, las ich Seite um Seite. Um vier Uhr musste ich das Licht anschalten, und es gibt bekanntlich nichts Gemütlicheres, als an einem hoffnungslos verregneten Sonntagnachmittag bei warmem Licht einen Unterhaltungsroman zu lesen. In dem Buch geht es um den britischen Geheimdienst in den Siebzigerjahren: Die Briten finden heraus, dass die Russen einen Agenten bei ihnen eingeschleust haben, wovon sie nur mäßig begeistert sind. Da sie aber nicht wissen, wer der Schurke ist, rauchen sie erst mal reichlich Zigaretten und verbreiten anschließend jede Menge Argwohn. Oft regnet es in dem Buch, aber niemals ununterbrochen. Kurzum: Es ließ sich gut an.

Leider kam ich erst einige Tage später dazu, das Buch weiterzulesen. Ich schlug es abends im Bett auf und blätterte einige Seiten zurück, um den Anschluss zu finden. Dann schlief ich sehr rasch ein. Am nächsten Abend blätterte ich noch etwas weiter zurück, weil ich mich an nichts erinnern konnte bzw. nicht mehr genau wusste, wo noch Zigaretten geraucht und wo schon Argwohn verbreitet wurde. Wieder schlief ich beim Lesen ein. So geht es seither jeden Abend, und wenn ich so weitermache, müsste ich mich in drei bis vier Wochen wieder an den Anfang vorgearbeitet haben.

Birmingham liegt nicht am Atlantik

Dass mein Aufenthalt in Birmingham nicht unter einem guten Stern stehen würde, ahnte ich, als ich das Apartment betrat. Ich hatte es gemietet, weil es in der ganzen Stadt kein bezahlbares Hotelzimmer mehr gab.

Das lag nicht an den Reizen Birminghams, zu denen die Spaghetti Junction gehört, eine irre, mehrstöckige Kreuzung von geschätzt einhundert Straßen. Es sollen schon Menschen in der Spaghetti Junction verloren gegangen bzw. nach vier- bis fünfmaligem falschem Abbiegen und Durchquerung eines plötzlich auftauchenden Tunnels in Póvoa de Varzim im Norden Portugals herausgekommen sein. Dort gibt es nun erst recht nichts zu sehen, es sei denn, man steht auf prähistorische Hügelgräber, wovon sich vier in der Gegend erheben. Immerhin kann man in Póvoa de Varzim am Atlantik sitzen und den Wellen zuhören, während man sich in einer Strandbar ein Superbock einflößt. Da man in Póvoa de Varzim beim besten Willen nicht falsch abbiegen kann, schon gar nicht vier- oder fünfmal, ist andersherum nichts davon bekannt, dass es je einen Menschen von dort nach Birmingham verschlagen hätte. Birmingham liegt nicht am Atlantik, aber es hat einen hübschen Kanal, an den liebevoll ein paar Kettenrestaurants getupft sind. Doch weder Kanal noch Kettenrestaurants ziehen gemeinhin so viele Menschen an, dass alle Hotels voll sind. Es war der Parteitag der Konservativen, der die Stadt bis zum Anschlag gefüllt hatte.

Da wollte ich auch hin, und nach einigem Suchen im Internet hatte ich das Apartment gefunden: Wohnzimmer, Küche, Schlafzimmer und billiger als ein Hotel. Als ich das Apartment betrat, musste ich leider feststellen, dass der Teppich – schwer zu sagen, wonach er roch. Am ehesten nach einer Mischung aus nassem Hund, aufgewärmtem Rahmporree, frisch geschnittenen Zehennägeln und dem Angstschweiß eines Mannes, der durch die Spaghetti Junction fährt und weiß: Jetzt noch einmal falsch abbiegen, und ich bin in Portugal.

Flugs verließ ich das Apartment, um mir am Kanal ein Bier einzuflößen. Das gelang. Als ich anschließend in einem Kettenrestaurant eine Portion Muscheln bestellte, musste ich leider feststellen, dass sie – schwer zu sagen, wonach sie schmeckten. Am ehesten nach einer Mischung aus gefettetem Leder, porösem Einweckgummi, bereits gekautem Hubba Bubba und eingeweichter Fußhornhaut.

Wenig später spazierte ich also nur halb gut gelaunt wieder in Richtung des Apartments. Mein Magen fühlte sich an, als habe jemand eine mehrstöckige Kreuzung von einhundert Straßen hineingebaut. Nachdem ich im Apartment noch zwei Züge Teppichluft geatmet hatte, war es keine große Überraschung mehr, als die Muscheln – sagen wir einfach, dass sie vier- bis fünfmal falsch abgebogen sind.

Gefährliches Essen

Nachdem ich die gar nicht mal so hervorragende Idee hatte, in Birmingham Muscheln zu essen, wachte ich morgens schweißnass und zwei Kilo leichter auf. Ich ging ins Badezimmer des Mietapartments und schaute in den Spiegel. Das Badezimmer war der angenehmste Ort des Apartments, weil im Badezimmer kein Teppich lag. Aus dem Spiegel schaute mich ein Mann an, der sich offenbar das Gesicht weiß geschminkt hatte, weil er einen Auftritt als Pantomime plante. Ich ignorierte den Mann, putzte mir die Zähne, wusch mich, verließ das Apartment und stieg in den Zug nach London. Wälder rauschten vorbei, Kleinstädte und Lärmschutzwände.

Ich erinnerte mich an einen fernen Tag, an dem ein nachtblauer Polo Fox und ich Deutschland in seiner Gänze von Nord nach Süd hatten durchmessen müssen. Der Polo hatte vierundvierzig PS, weshalb ich ihn Racing Fox nannte. Er machte lässig hundert Sachen die Stunde, ab hundertzehn vibrierte das Lenkrad wie ein Magen, der Muscheln aus Birmingham intus hat. Der Polo war okay. Auf Höhe der Kasseler Berge begann eine Radiosendung über gefährliches Essen. Abwechselnd erzählten ein Mann und eine Frau. Der Mann hatte diese typisch männliche Radiostimme: einen Tick zu sympathisch, nicht ganz Lee-Marvin-tief, aber auch nicht Pumuckl-hoch. Der Mann war okay. Die Frau aber hatte eine Stimme – wenn ein Sonnenaufgang sprechen könnte, so würde er klingen. Sie erzählte von der komplizierten Zubereitung eines Kugelfischs in Japan. Kugelfische sind bekanntlich giftig. Damals war das noch neu. Heute weiß man aus zahllosen Privatfernsehreportagen, dass man beim Verzehr eines Kugelfischs sterben kann, wenn er nicht richtig zubereitet wurde. Kugelfisch-Köche in Japan müssen über eine spezielle Lizenz verfügen. Die Frau erzählte und erzählte, und ich fuhr und fuhr. Wälder rauschten vorbei, kleinstadtgroße Rastplätze und Lärmschutzwände. Nie wieder habe ich eine Stimme wie diese gehört.

Nach Erreichen des Bahnhofs London Euston war ich immer noch ein wenig mitgenommen, aber hatte wieder Farbe im Gesicht. Trotzdem widerstand ich der Versuchung, bei den Banger Bros. vorbeizuschauen. Die Banger Bros. in Euston machen sehr gute Würste. So gut, dass ich mir einbilde, sie verfügen über eine spezielle Lizenz. Ich ignorierte den Duft und fuhr die Rolltreppe zur U-Bahn hinunter, zur Northern Line, die in der Nähe des Erdmittelpunktes operiert. Während es abwärtsging, erinnerte ich mich: Fugu heißt das Kugelfisch-Gericht. Seit ich Muscheln in Birmingham gegessen habe, bin ich bereit, es vielleicht ein einziges Mal zu probieren.

Eine eher sozialdemokratische Gegend

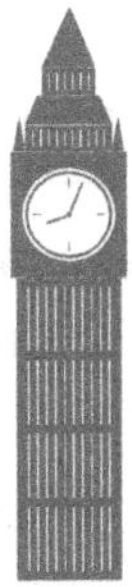

Letztlich war es wohl richtig, dass mein Nachbar Iain umgezogen ist. Es konnte so nicht weitergehen, er war nicht mehr glücklich im Borough of Camden. Das lag wohl auch daran, dass wir hier im Borough of Camden ein besonderes Verhältnis zu unserem Müll pflegen. Anders als zum Beispiel die vom Borough of Brent werfen wir ihn nicht einfach weg. Aber gut: Die vom Borough of Brent sind eh etwas eigenwillig. Liegt vielleicht daran, dass sie diesen Tick zu weit nördlich wohnen. Klar, es sind nur zwei, drei U-Bahn-Stationen. Aber was will man machen, wenn es die entscheidenden Stationen sind?

Nicht dass alle im Borough of Camden Snobs wären, die auf andere Boroughs herabschauen. Nicht im Mindesten. Dass Sienna Miller und Jude Law hier wohnen, Helena Bonham-Carter und Tim Burton (den ich versehentlich immer, wirklich immer Tim Robbins nenne), Gwyneth Paltrow und Chris Martin undundund, hat den einfachen Bürgern des Boroughs nicht den Kopf verdreht. Im Council hat Labour eine deutliche Mehrheit, es ist eine eher sozialdemokratische Gegend. Aber die aus Brent – die haben weder das kleine grüne Eimerchen für Küchenabfälle noch den mittelgroßen braunen Behälter für mehr Küchenabfälle. Die haben nicht die schwarz-grüne Box für Recyclingmüll, nicht die blaue Tasche für Papier und unvorstellbarerweise noch nicht mal den weißen Sack für Gartenabfälle. Die vom Borough of Brent haben im Grunde gar nichts.

Wir im Borough of Camden verteilen unseren Müll sorgsam auf Eimer, Boxen, Taschen und Säcke, wobei zu beachten ist, dass die Küchenabfälle unbedingt in kompostierbaren Beuteln in die grünen und braunen Eimer gegeben werden müssen, sonst weigern sich die Müllmänner verständlicherweise, sie mitzunehmen. Im Wiederholungsfall droht eine gerechte Strafe von ein paar hundert Pfund. Das bisschen, was an Restmüll übrig bleibt, geben wir in schwarze Säcke, die separat abgeholt werden.

Iain, der in der Wohnung unter mir lebte, wurde von diesem System so sehr zur Verzweiflung getrieben, dass er seinen Abfall in öffentlichen Mülleimern oder bei den Nachbarn entsorgte. Das machte er genau so lange, bis ein Nachbar ihn erwischte und mit einer Schimpftirade überzog. Danach, so erzählte Iain, konnte er mit der Schande nicht länger leben. Ich verstand. Vor zwei Wochen ist er ausgezogen. Er war ein netter Kerl. Doch manchmal kochte er, obwohl er keine kompostierbaren Beutel für Küchenabfälle im Haus hatte. Er wohnt jetzt im Osten, Borough of Hackney. Die haben ein simples Drei-Tonnen-Trenn-System, über das wir hier im Borough of Camden sicherlich nicht arrogant, aber doch sehr müde lächeln.

Speck an Speck mit Speck

Der Inspekteur klingelte. Ich öffnete, er zog seine Slipper aus, trat ein, schaute sich um, prüfte die Klospülungen, machte im Flur ein paar Fotos (»Ich darf doch?«), kam in die Küche, sah mich an. Schaute er skeptisch? Hatte er meinen Bluff durchschaut? Ich lächelte ein sehr unschuldiges Lächeln. Der Inspekteur lächelte zurück. »Das riecht aber gut hier«, sagte er.

Es ist bestimmt nicht so, dass der Vermieter mir den Inspekteur ins Haus geschickt hat, weil er mir nicht traut. Ich bilde mir ein, dass der Vermieter mich mag. Nicht zuletzt, weil ich ihm jeden Monat einen Betrag überweise, von dem man halb Unna mieten könnte, und ich überweise ihn pünktlich. Dafür darf ich in dem zugigen Nord-Londoner Achtzig-Quadratmeter-Schmuckstück mit dem unentfernbaren Vogelscheißfleck am Schlafzimmerfenster tun und lassen, was ich will. Zumindest fast. Ungern wird gesehen, wenn Mieter Bilder aufhängen. Als dreist gilt es, wenn Mieter Löcher in die Wände bohren. Und was überhaupt nicht geht, unter keinen Umständen, niemals und nie: rauchen. Das führt zur Sofortkündigung.

Nun waren meine ersten Amtshandlungen nach Einzug in die Wohnung natürlich, erst mal die Bilder aufzuhängen, dann mit meinem Metabo-Bohrhammer Löcher für die Schuhschränke in die Wände im Flur zu setzen, um anschließend in der Küche eine Zigarette zu rauchen. Ich rauche nur in der Küche, weil das Küchenfenster so undicht ist, dass der Raum auch bei geschlossenem Fenster immer frisch gelüftet ist. So lebte und rauchte ich fröhlich vor mich hin, und so hätte ich glücklich bis ans Ende aller Tage weiterleben und -rauchen können. Doch dann kam die E-Mail: »Sicherlich Verständnis … jährliche Inspektion … ausgebildeter Inspekteur … bitte nochmals um Verständnis … kommt nächste Woche, hat zur Not selber Schlüssel.«

Im örtlichen Kerzenfachgeschäft räumte ich die Duftkerzen-Abteilung leer. Im örtlichen Supermarkt kaufte ich Geruchskiller in allen Darreichungsformen. Beim örtlichen Floristen erstand ich ein Bouquet, das nicht nach Schönheit, sondern nach Geruch zusammengestellt war. Doch sie ging nicht weg, diese ganz leichte Andeutung des Geruchs nach Rauch. Ich würde die Wohnung verlieren. Am Tag der Inspektion zog ich mein letztes Ass. Frühmorgens stellte ich mich in die Küche und bereitete zum Frühstück Speck an Speck mit Speck, ohne die Dunstabzugshaube anzuschalten.

»Möchten Sie probieren«, fragte ich den Inspekteur und zeigte wieder dieses sehr unschuldige Lächeln. Er lehnte dankend ab. »Alles in Ordnung«, sagte er, als ich ihn zur Tür brachte. Dort schlüpfte er in seine Slipper. Er warf einen letzten, prüfenden Blick in den Flur. »Schöne Schuhschränke«, sagte er, lächelte und ging.

Passt scho

Der irische Schneider war sichtlich erfreut, als er auf den viel zu großen Anzug schaute, den ich mitgebracht hatte. »Musterverkauf bei Paul Smith?«, fragte er. Ich nickte. »Kein Problem«, sagte er, »wir nehmen den Anzug einmal auseinander und bauen ihn passend wieder zusammen. Macht 125 Pfund.« Ich seufzte. Das klang so ermutigend wie: »Wir machen das Sakko zur Weste, die Hose zu Knickerbockern und aus den Stoffresten nähen wir noch ein hübsches Stirnband zusammen.« Der Schneider schrieb meinen Namen auf, verkündete, dass er Schecks oder Bargeld nehme, und fragte beiläufig, wo ich herkäme. »Aus Deutschland«, sagte ich.

Mittags hatte der stets erstaunliche G. angerufen und geraunt, er habe da diese brandheiße Information zugespielt bekommen: Musterverkauf bei Paul Smith. Das heißt: gute Anzüge für kleines Geld. »Exzellent«, sagte ich, zog ein weißes Hemd an und stieg in die U-Bahn. In Holborn angekommen musste ich feststellen, dass die brandheiße Information nicht nur G. zugespielt worden war. Die Schlange vor der Verkaufshalle war gut hundert Meter lang, und sie wuchs schnell. Wir stellten uns trotzdem an.

Der Mann vor uns sah genauso aus wie Samuel L. Jackson, allerdings war er noch ein kleines bisschen cooler. Er drehte sich zu uns um. Sofort spürte ich den starken Impuls zu sagen: »Ich war's nicht.« G. hingegen sagte lässig: »Dauert angeblich so zweieinhalb Stunden, bis wir reinkommen.« Der Samuel-L.-Jackson-Mann schnaubte. »Ich hab noch nie im Leben auf irgendwas zweieinhalb Stunden gewartet«, knurrte er.

Als wir eine Stunde später in der Verkaufshalle standen, fand G. innerhalb von fünf Minuten zwei unfassbar gute Anzüge, die saßen, wie für ihn gemacht. Mir passte kein einziger Anzug. In der britischen Größe 42 sah ich aus wie eine karierte Presswurst, in Größe 44 wie Hans Rosenthal, der in einen Anzug von Hermes Phettberg geschlüpft ist. Ich versuchte, mir meinen Neid auf G. nicht anmerken zu lassen. »Schau doch nicht so neidisch«, sagte G. Ich versuchte, so cool auszusehen wie der Jackson-Mann. Auch das misslang.

Mein Verdruss war so groß, dass ihn ein Verkäufer bemerkte und eilfertig erklärte, Musteranzüge würden im Grunde niemandem passen. Aber man könne sie bei diesem sehr guten Schneider um die Ecke ändern lassen. In einer Mischung aus Trotz und Verzweiflung griff ich einen Anzug, zahlte und trug ihn um die Ecke.

»Aus Deutschland!«, rief der irische Schneider, »ich bin mit einer wunderbaren Frau aus Niederbayern verheiratet.« Meine Laune hob sich schlagartig. Ich schenkte ihm mein schönstes Lächeln und sagte: »Ich weiß ganz genau, wovon Sie sprechen.«

Die beste Bolognese der Welt

Ich koche gern und oft, und wenn ich fertig bin, sieht die Küche aus, als sei sie von einem berühmten Schlagzeuger aus den Siebzigern verwüstet worden. Anschließend räume ich sie selber auf. Damit könnte das Thema Kochen erschöpfend behandelt sein. Seit Kürzerem bin ich allerdings abhängig von einer Kochsendung namens »Masterchef – The Professionals«. Es handelt sich dabei um eine Kochshow, bei der man nicht mal besser kochen lernt. Man lernt da eigentlich gar nichts. Unbekannte Profiköche kochen gegeneinander an, und ein semibekannter Profikoch mit zwei Sternen entscheidet, wer gewonnen hat.

Jeden Montag, Dienstag, Mittwoch und Donnerstag greife ich zur Fernbedienung und drücke genau zur richtigen Zeit auf die Taste mit der Ziffer 2, um die nächste Folge anzusehen. »Masterchef – The Professionals« läuft zum Glück nicht von Freitag bis Sonntag, was mir ein für Londoner Verhältnisse eher intaktes Familien- und Sozialleben ermöglicht.

In Deutschland hatte ich mir das Fernsehschauen fast vollständig abgewöhnt. Als ich nach London gezogen war, schaute ich wieder ein wenig mehr, auch aus beruflichen Gründen, wie ich mir bis heute einrede. Das Fernsehprogramm eines Landes sagt ja zumindest etwas darüber aus, was die Fernsehleute von ihren Zuschauern halten. Wenn zum Beispiel ein Moderator zur besten Sendezeit am Samstagabend in einen Sack steigt und darin herumhüpft – sei's drum, ich glotze also im britischen Fernsehen so dies und das und geriet eines schönen Montags in die Wettbewerbs-Kochshow.

Jeden Montag, Dienstag, Mittwoch und Donnerstag schalte ich seither den Decoder an, nachdem ich zuvor den Empfangsverstärker der Zimmerantenne hochgedreht habe. Zwar haben wir ein paar Antennen auf dem Dach, es mögen drei oder vier sein, aber die dienen lediglich als Freizeitpark für Vögel, darunter Stieglitze, Möwen, Elstern, Rotkehlchen, Krähen, Graureiher, Eichelhäher, ein Adler und zwei, drei Vogelarten, die noch kein Ornithologe jemals gesehen hat. Einer dieser Vögel hat mal einen unentfernbaren Fleck auf unser Schlafzimmerfenster geschissen, aber das ist eine andere Geschichte. So weit ist es also gekommen: Ich schaue mit einer Zimmerantenne fern und bin abhängig von einer Kochshow.

Der stets erstaunliche G. erzählte neulich, als wir im beheizten Garten eines Pubs namens The Eagle saßen, er koche die beste Bolognese der Welt. G. schwärmte sehr von seiner Sauce und sagte, selbst Italiener liebten sie. Ich hörte ihm aufmerksam zu, hin und wieder nippte ich am Bier. »Wie geht dein Rezept?«, fragte ich schließlich. G. holte weit aus, sehr weit, er verriet Zutat für Zutat, Detail für Detail. Als er fertig war, hörte ich mich fragen: »Duell?«

Der Herr der Ringe

Als der Glatzkopf mir auf die Schulter tippte, drehte ich mich sehr schnell um und sagte ungehalten: »Was?« Ich stand vor dem Milchregal im Supermarkt, der Glatzkopf entblößte zwei sehr weiße, aber unvollständige Zahnreihen, in sein Gesicht waren vier oder fünf Ringe gestochen. Er war vielleicht fünfzig Jahre alt. Unter einer Schimanski-Jacke trug er ein weißes T-Shirt, über dessen Kragen die Spitze einer Tätowierung den Hals hinaufkroch. Ich dachte an Eisberge, die bekanntlich zu sieben Achteln unter Wasser liegen. »Sorry«, sagte ich, »war gerade in Gedanken.« Der Glatzkopf sagte: »Habe nur diese eine Frage, okay?«

Es war Sonntag, früher Abend. Stundenlang hatte ich auf Zeit gespielt. Das lag daran, dass ich nicht die geringste Neigung verspürt hatte, in diesen unendlichen Regen hinauszugehen. Ich wusste, dass ich früher oder später rausmusste, weil ich Milch brauchte und zwei, drei andere Sachen. Auf die zwei, drei anderen Sachen hätte ich verzichten können, aber nicht auf die Milch. Meine Lieblingsgetränke sind, in dieser Reihenfolge: Milch, stilles Wasser, guter Wein, Kaffee, Whisky, Pils, frisch gepresster Orangensaft, mittelguter Wein, Earl-Grey-Tee (mit Milch, die zuerst in die Tasse muss, dann den Tee aufgießen, dann je nach Geschmack ein bisschen Zucker dazu), von Pils verschiedenes Bier, Sprudelwasser.

Wie so oft in letzter Zeit hatte es den ganzen Tag geregnet. Das ist ungewöhnlich, denn normalerweise regnet es in London ein, zwei Stunden lang, dann wechselt das Wetter, als habe jemand den Schalter umgelegt. Offenbar hatte der große Schalterumleger aber gerade frei oder was anderes zu tun. Um noch nicht rauszumüssen, hatte ich die Wohnung auf- und die Spülmaschine ausgeräumt. Ich hatte gestaubsaugt, schließlich hatte ich mich sogar nass rasiert. An einem Sonntag. Da der Supermarkt sonntags um sechs zumacht, legte ich gegen fünf unwillig einige Lagen Regenkleidung an. Anschließend stand ich eine halbe Stunde lang an der Haustür und schaute dem Regen zu. Dann ging ich los.

»Kein Problem«, sagte ich zu dem Glatzkopf, »worum geht's?« Er sagte, und ich bilde mir ein, dass seine Gesichtsringe leise klingelten, während er sprach: »Welches Aftershave benutzen Sie?« Ich sagte es ihm. Er schaute mich an, als hätte ich ihm eröffnet, dass seine Schwester und seine Mutter zwei stadtbekannte – jedenfalls bedankte er sich eisigst und ging. Ich packte zwei Liter frische Vollmilch und zwei, drei andere Sachen in meinen Einkaufskorb. Erst als ich mich auf den Weg zu den Kassen machte und den Glatzkopf vor den Regalen mit den Insektenvernichtungsmitteln erspähte, fiel mir auf, dass seine Schimanski-Jacke vollkommen trocken war.

Sind so kleine Füße

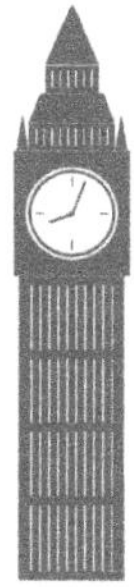

Umgehend musste ich an Woody Guthries Klassiker »Who's gonna shoe your pretty little feet« denken, als mir in dieser Woche das Paar roter Stiefeletten angeboten wurde, das Gary Barlow auf der »Ultimate Tour« getragen hat. Ich summte das Lied vor mich hin, während ich das Internet anwarf, um mal zu schauen, was es mit dieser »Ultimate Tour« auf sich hat. Schnell ermittelte ich, dass es sich um eine Reunion-Tour der Band Take That aus dem Jahr 2006 handelt. Take That wiederum ist der Name einer freundlichen Schnulzengruppe, die sich 1996 aufgelöst hatte. Barlow trug die Stiefeletten bei der Reunion-Tour allabendlich, während die Band das Lied »Relight my Fire« zum Vortrag brachte.

Leider sind rote Stiefeletten nicht ganz mein Stil. Das zweite Problem: Gary Barlow trippelt auf eher zarten Füßen durch die Welt, während ich die gleiche Schuhgröße wie Günter Netzer habe. Das bedeutet unter anderem, dass ich in meinem Leben von besonders witzigen Menschen bisher knapp 12 500-mal augenzwinkernd gefragt worden bin, wie es sich denn auf so großem Fuße lebe. Immerhin habe ich nicht die gleiche Frisur wie Günter Netzer.

Ich sollte wohl noch erwähnen, dass die roten Stiefeletten nicht nur mir angeboten worden sind. Sie wurden allen Unterstützern einer Stiftung für Menschen mit Lernschwäche offeriert. Das höchste Gebot gewinnt, die Auktion läuft noch bis Sonntagabend. Dass ich zu diesem erlesenen Kreis zähle, kommt so: Neulich hat der hervorragende Richard Hawley ein Konzert in einer Londoner Kirche gegeben. Es war ein Auftritt in einer Reihe namens »Little Noise«. Hawley allein mit Gitarre, ich hätte das gern gesehen. Aber natürlich gab es kaum noch Karten, als ich Wind von der Sache bekommen hatte, und um den kargen Rest musste man sich bewerben. Ich fand heraus, dass das Konzert von einer Stiftung veranstaltet wurde, die sich um Menschen mit Lernschwäche kümmert. Weiterhin fand ich heraus, dass bevorzugt Unterstützer der Stiftung Karten bekommen. Umgehend überwies ich eine hübsche Spende.

Ich weiß, es war moralisch nicht ganz blitzsauber, nur zu spenden, um an Karten zu kommen. Allerdings war es moralisch auch nicht ganz blitzsauber, erst den Eindruck zu erwecken, als Spender habe man die Karten quasi in der Tasche, sich dann in wochenlanges Schweigen zu hüllen und mir nun statt der Tickets für Hawley die Schuhe von Barlow anzubieten. »Who's gonna shoe your pretty little feet«, summte ich, als ich ein Gebot von zehn Pfund für die Stiefeletten abgab. Die Everly Brothers haben es gecovert, der große Willy de Ville und natürlich Richard Hawley, der ganz mühelos die beste Version dieses wirklich schönen Liedes eingesungen hat.

Der Mädchenfotograf

Wer in der Approach Tavern einen Weißwein bestellt, erntet nicht, wie in jedem anderen Londoner Pub, den genervten Blick der Barfrau, die gelangweilt »Pinot Grigio, Chardonnay oder Sauvignon Blanc« fragt und dabei klingt wie eine Bandansage. Wobei: Bandansagen klingen ja, als wäre jeder Satz mit Puderzucker bestreut. Genervte Barfrauen hingegen klingen wie etwas, das dringend erfunden gehört: unfreundliche Bandansagen. Wäre es nicht eine angenehme Abwechslung, wenn beim Anruf einer Hotline statt des unerträglich-heiteren »Herzlich willkommen bei …« ein schlecht gelauntes, dafür ehrliches »Wat is? Drück auf irgendne Taste, kommst eh immer beim gleichen Studenten raus« erklänge? Ich glaube, das ist eine Marktlücke.

Die Approach Tavern liegt so weit im Osten Londons, dass sich noch niemals jemand aus Süden, Westen oder Norden der Stadt dorthin verirrt hat. So erzählt man es sich zumindest. Der stets erstaunliche G. und ich waren nur dort gelandet, weil wir mal wieder beim Mädchenfotografen vorbeigeschaut hatten, der sein Studio um die Ecke hat. Der Mädchenfotograf lichtet junge, sehr schöne Frauen für sehr teure Werbekampagnen ab, er ist außerdem ein cooler Typ. Er sagt so astreine Sachen wie: »Meine BMW springt gerade nur auf einem Zylinder an.« G. und ich nicken dann immer, als wüssten wir haargenau, wovon er spricht. »Aber nur fünf Minuten«, hatte der Mädchenfotograf gesagt, als G. ihn am Telefon gefragt hatte, ob er Zeit für einen Kaffee habe. Nachdem wir eine halbe Stunde in seinem Studio herumgelungert hatten, sagte er: »Ach, sollen wir nicht schnell ein Bier in der Approach Tavern trinken?« Da ich im Moment Urlaub habe und der stets erstaunliche G. gerade nichts Dringenderes zu tun hatte, willigten wir ein.

Der Mädchenfotograf ist derzeit hauptsächlich damit beschäftigt, sich mit der Sprachsteuerung seines brandneuen Telefons zu unterhalten. »Gibt's das nicht auch mit Frauenstimme?«, fragte G. beim zweiten Bier, einem tschechischen Litovel Classic. »Keine Ahnung«, sagte der Mädchenfotograf. »Frag doch mal nach«, schlug G. vor. Der Mädchenfotograf fragte sein Telefon: »Hast du auch eine Frauenstimme?« Ich schwöre bei allem, was mir heilig ist, dass das Telefon mit tiefer Stimme antwortete: »This is about you, not about me« – das ist ja wohl dein Problem.

Nachdem G. und ich ungefähr eine halbe Stunde lang gelacht hatten, knatterte der Mädchenfotograf auf einem Zylinder davon. Ich beschloss daraufhin grundlos, von Bier auf Wein umzusteigen und sagte zur Barfrau: »Einen Weißwein, bitte.« Sie lächelte sehr freundlich und fragte: »Groß oder klein?«

Der Mann, der nicht da war

Liebe Credit Suisse, noch mal zum Mitschreiben: David Aserkoff wohnt nicht in meiner Wohnung. Ich bin vor knapp eineinhalb Jahren eingezogen, und vor mir wohnte hier vier Jahre lang das Ehepaar B., das sich auf eine Weltreise begeben hat. Die Post für die B.s schickt mein ehemaliger Nachbar Iain an ein Postfach im Ausland. Iain wohnte auch hier im Haus, ist aber in den Osten der Stadt gezogen, was offiziell daran liegt, dass er es dort cooler findet. Inoffiziell und in Wahrheit liegt es daran, dass er mit dem komplizierten Mülltrennungssystem in unserem Borough nicht mehr zurechtkam. Post für die B.s schicke ich jetzt also in den Osten Londons, von wo Iain sie an das Postfach weiterleitet. Post für David Aserkoff hingegen schicke ich zurück an den Absender, eine Filiale der Credit Suisse, Adresse: Eleven Madison Avenue, New York, NY 100 10-3629. Aber es hilft nichts: Jeden Monat kommt ein neuer Brief.

Als ich damals die Wohnung anschaute, fragte ich Frau B., ob ich die Schuhe ausziehen solle. Sie schaute mich verständnislos an und sagte: »Wir sind hier doch nicht in Korea.« Ich spazierte also in schweren Stiefeln durch das zugige Schmuckstück, bewunderte das winzige Badezimmer, das exakt so groß ist wie zwei Badewannen, bestaunte die Spülmaschine, die von einem Hersteller stammt, den es seit circa Ende des 19. Jahrhunderts nicht mehr gibt, und übersah aus unerfindlichen Gründen den faustgroßen Fleck Vogelscheiße auf dem Schlafzimmerfenster. Manchmal überlege ich, ob ich in dem unentfernbaren Vogelscheißfleck eine Bedeutung erkennen müsste, ein Omen gar, aber vermutlich ist es einfach ein ganz gewöhnlicher, unentfernbarer Vogelscheißfleck auf einem Fenster, das sich nur nach außen öffnen lässt. Die am häufigsten gestellte Frage in Leserbriefen ist übrigens, ob es den Fleck wirklich gibt. Die Antwort ist: Ja, und es geht ihm gut. Er hat die Regenattacken während der Weihnachtstage lässig abgewettert.

Die Nachbarn im Erdgeschoss sagen, vor den B.s habe eine Familie in der Wohnung gelebt, die ebenfalls nicht Aserkoff hieß. Überhaupt könnten sie sich an niemanden dieses Namens erinnern. Da sie seit Anbeginn der Zeit hier leben, ergeben sich weitere Fragen. Hat David Aserkoff jemals hier gewohnt? Gibt es ihn überhaupt? Müsste ich in der stetigen Post für einen Mann, der nicht da ist, eine Bedeutung erkennen, ein Omen gar? Einstweilen habe ich wie immer RETURN TO SENDER auf den Umschlag geschrieben und ihn in den nächsten roten Postkasten geworfen. Aber, liebe Credit Suisse: Das war das letzte Mal. Euren nächsten Brief mache ich auf.

Skifliegen

Das erste Mal sah ich den Mann in Skischuhen vor der Sicherheitsschleuse am Flughafen Heathrow.

Der Flughafen London-Heathrow befindet sich in London, was ihn von den meisten Londoner Flughäfen unterscheidet. »London-Luton« und »London-Gatwick« sind immerhin noch in der Nähe der Stadt. Dass aber der Flughafen Stansted ernsthaft als »London-Stansted« firmiert, obwohl er einen guten Tagesritt von der Kapitale entfernt liegt, ist Gründen der allgemeinen Irreführung geschuldet. Nach Stansted gelangt man von London per Bahn oder per Bus. Das dauert jeweils sehr, sehr lange, aber wer den Bus nimmt, hat immerhin das Vergnügen, ein nicht enden wollendes Gewerbegebiet zu durchmessen, dessen neonbeleuchtete Reizlosigkeit schon nach wenigen Minuten eine antarktisweite Leere im Kopf herstellt.

Der Mann in Skischuhen war ansonsten vollkommen normal gekleidet, Jeans, Flanellhemd, beige Jacke. Vor der Sicherheitsschleuse zog er seine Skischuhe aus, nach der Sicherheitsschleuse zog er sie wieder an und stapfte schweren Schrittes davon. Zum zweiten Mal sah ich den Skischuh-Mann im Flugzeug, zum dritten Mal am Gepäckband des Flughafens in Freising, der aus Gründen der allgemeinen Irreführung als »Flughafen München« firmiert. Ich hatte mir mittlerweile einige Skischuh-Theorien zurechtgelegt, von denen ich die für am plausibelsten hielt, in der unter anderem ein abgehalfterter Pokerprofi, die böse

Hexe des Ostens und ein Hurrikan namens Birgit wesentliche Rollen spielen. Da es eine Weile dauerte, bis das Gepäck kam, beschloss ich, die Theorie zu überprüfen. »Sie tragen da Skischuhe«, sagte ich zu dem Skischuh-Mann. »Oh yeah«, sagte er. »Warum?«, fragte ich. »Die wiegen acht Kilo, hatte keinen Platz mehr im Gepäck«, sagte er.

Da es noch eine weitere Weile dauerte, bis das Gepäck kam, brachte ich in Erfahrung, dass der Skischuh-Mann aus Neuseeland kam und nach Österreich wollte. Er war in Auckland in Skischuhen eingestiegen und um die halbe Welt geflogen, er hatte in London in Skischuhen das Flugzeug gewechselt, er war in Skischuhen nach Freising geflogen, und jetzt, sagte er, würde er auch in Skischuhen nach Österreich reisen, im Zug. »Und die Skier?«, fragte ich. »Leihe ich mir«, sagte der Skischuh-Mann. Ich gab zu bedenken, dass man sich in Österreich sicherlich auch Skischuhe hätte leihen können. Der Skischuh-Mann fragte: »Sie sind wohl kein Skifahrer, was?« »Nö«, sagte ich.

Sein Gepäck kam, ein mannshoher Rucksack in Rot. Er griff ihn vom Band, wuchtete ihn auf seinen Rücken und wünschte mir Glück. Dann stapfte er schweren Schrittes, aber durchaus würdevoll hinaus in die Nacht.

Steinbutt & ich

Die Jermyn Street ist die Hemdenstraße Londons, es sitzen dort ein paar ziemlich bekannte Schneider, unter ihnen New & Lingwood, Hilditch & Key, Hawes & Curtis, Turnbull & Asser und Harvie & Hudson.

Auch Schuhmacher wie Foster & Son oder Crockett & Jones laden dazu ein, schnell mal ein paar Tausend Pfund auf den Kopf zu hauen. Aber keine Sorge, es ist keine übertrieben vornehme Straße. Im Grunde ist die Jermyn Street ziemlich hässlich, und gleich neben St. James's Church hat sich sogar die Filiale eines Kettenkaffeeladens ins Straßenbild geschmuggelt. Es soll Menschen geben, die entgegen aller Vernunft tatsächlich immer noch dann und wann eine Zigarette rauchen, was bekanntlich gesundheitsschädlich ist, impotent macht etc. pp. Daher sei nur sehr nebenbei verraten, dass diese Filiale über einen recht schönen Hinterhof verfügt, in dem man zum Kettenkaffee eine Zigarette unter freiem Himmel genießen könnte. Stilles Wasser wird kostenlos gereicht, die Ascher werden regelmäßig geleert.

Es heißt, die Hemdenladendichte in London sei so hoch wie nirgends sonst auf der Welt. Vor allen Dingen aber gibt es nirgends sonst so viele Geschäfte mit einem »&« im Namen. Daher ist die Jermyn Street gewissermaßen der Weltmittelpunkt des »&«, auf Deutsch: Kaufmanns-Und. Der wunderbare Sender BBC Radio 4 schickte neulich eine kleine Abordnung in die Jermyn Street, um für eine Reportage über das »&« zu recherchieren. Radioleute postierten sich vor den Läden, um nichtsahnende Passanten zu fragen, wie dieses »&« wohl auf Englisch heiße.

Das beste englische Wort, das ich vor dieser Radio-4-Sendung kannte, ist »turbot«. Ich hatte es mit Anfang zwanzig eher zufällig auf einer Schautafel mit Fischen entdeckt und sehr behutsam in meinen Sprachschatz eingefügt. Dort schlummerte es unbenutzt vor sich hin.

Eines Tages saß ich mit Freunden in einem Restaurant in einer mittelgroßen Küstenstadt im Norden Deutschlands. Die Stadt ist unter anderem dafür bekannt, eine höhere Dönerladendichte aufzuweisen als Berlin. Es heißt, die Dönerladendichte in der mittelgroßen Küstenstadt sei so hoch wie nirgends sonst auf der Welt. Aus unerfindlichen Gründen machte das Restaurant, in dem wir saßen, in Fisch. Auf einer Tafel stand: »Heute Steinbutt«. Mein Kumpel Lehmann, damals bekanntlich Haus-Anglist unserer Studenten-WG, zeigte beiläufig auf die Tafel und beschied: »Was Steinbutt auf Englisch heißt, weiß auch kein Mensch.« Ich habe bis zum Hauptgang darüber nachgedacht, ob ich ihn eines Besseren belehren sollte.

Das »&« heißt auf Englisch, wie ich nun weiß, »ampersand«. Ich habe es ebenfalls sehr behutsam in meinen Sprachschatz eingefügt.

Laternenpfahl ganz unten

Allmählich füllen sich die Londoner Pubs wieder. Weil ein Drittel aller Briten sich vornimmt, im Januar keinen Alkohol zu trinken, sind die Theken an den ersten Tagen des Jahres öd und leer, und bei uns Übriggebliebenen trinkt das schlechte Gewissen immer mit. Wir nippen am ersten Feierabendbier, denken an die Daheimgebliebenen, verzichten aufs zweite und schleichen bedrückt zur U-Bahn, um durch endlose Tunnel nach Hause zu rattern. Zum Glück hält kaum einer die Enthaltsamkeit den ganzen Monat durch, weshalb jetzt viele Stammgäste zurückkehren an die Tresen der Stadt. Dort bessert sich die Stimmung täglich, mit großem Hallo werden die Abstinenzabbrecher begrüßt. Die haben in der Regel zwei Kilo abgenommen, die sie sich aber in den ersten drei Tagen wieder drauftrinken. Alles könnte ganz wunderbar sein, wenn nicht der stets erstaunliche G. so eisern bliebe.

»Den ganzen Januar«, sagte er, als ich ihn am Telefon dazu überreden wollte, auf ein klitzekleines Bierchen im Eagle vorbeizuschauen. »Und wenn wir ins Artillery Arms gehen?«, fragte ich. Dort gibt es besonders gutes Bier, und immer, wenn wir da sind, passiert etwas Interessantes. Einmal wurden G. und ich dort für Zivilbullen gehalten. Dem Artillery Arms, dessen war ich mir sicher, würde er nicht widerstehen können. »Nein«, sprach G. mit fester Stimme in den Hörer. Ich sagte nichts und lauschte dem Rauschen der Leitung. Klang wie das Meer vor Póvoa de

Varzim, wo es in den Strandbars leckeres Superbock gibt. Oder Sagres. Man trinkt es in kleinen Schlucken aus kleinen Flaschen und schaut dazu ein paar Stunden lang auf den Atlantik.

»Und an den ersten beiden Tagen im Februar trinke ich auch nichts«, rief G. triumphierend. Ich schwieg. Anschließend erläuterte G., dass er an seinem Hochzeitstag, der wunderbar gewesen sei und an dem er seiner wunderbaren Frau einen wunderbaren Ring geschenkt habe, eine Ausnahme vom Nichtstrinken gemacht habe. »Na und«, sagte ich. »Für jeden Ausnahmetag muss ich zwei weitere Abstinenztage dranhängen«, erklärte G. »Sagt wer?«, fragte ich. »Sage ich«, deklamierte G. Ich lauschte wieder dem Rauschen der Leitung. Schwere See.

»Erstmals seit Beginn der Aufzeichnungen wiege ich weniger als 87 Kilo«, tat G. heiter kund, »stünde dir auch gut zu Gesicht.« Ich hasste ihn. Die walisische Organisation »Dry January«, führte G. aus, schicke ihm jeden Tag eine Durchhalteparole, da seien sogar Rezepte für alkoholfreie Cocktails dabei. »Hm«, brummte ich matt, »und wie schmecken die so?« »Soll ich ehrlich sein?«, fragte G. »Bitte«, sagte ich. »Wie Laternenpfahl ganz unten«, sagte G.

Dann sah ich die Japanerin

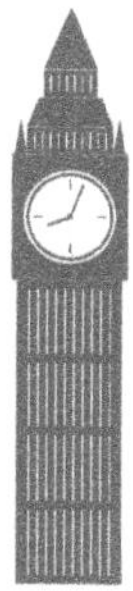

Es gibt Menschen, die deutlich besser darin sind als ich, lächelnd auf Stehpartys herumzustehen und Visitenkarten zu verteilen. Manche, und durchaus auch freundliche Menschen, sind sogar umwerfend gut darin. Ich hingegen bin zum Beispiel sehr gut darin, die Themse an der Westminster Bridge gen Süden zu überqueren, rechts abzubiegen und dem Fluss zu folgen, bis da diese kleine Kaffeebude steht, die, ungelogen, den vermutlich besten Espresso in ganz London verkauft. Ich bin, wenn ich das so unbescheiden sagen darf, wirklich sehr gut darin, an dieser Bude zu stehen, der Themse beim Fließen und den Houses of Parliament beim Erhaben-Rumstehen zuzusehen und keine Visitenkarten zu verteilen. Vielleicht gehe ich da diesen Tick zu weit, aber ich würde sogar behaupten: Das kann kaum jemand so gut wie ich. Gut möglich, dass ich in dieser Disziplin der Beste bin.

Leider aber war es Dienstagabend, und ich stand nicht am Fluss, um ihm dabei zuzusehen, wie er majestätisch die Stadt durchmisst und eine unsterbliche Mischung aus Quellwasser, Geheimnissen und Scheiße der Nordsee entgegenträgt, sondern auf einer Stehparty. Unablässig wurden mir Visitenkarten von Leuten zugesteckt, denen ich im Gegenzug meine Karte gab. Alle Männer trugen Krawatten, aber fast keiner trug ein Einstecktuch. Manche behaupten, zum guten Anzug gehöre ein Einstecktuch.

Ich steckte all die Visitenkarten in meine linke Innentasche, die sich allmählich ausbeulte, als trüge ich eine Walther PPK 7.65 mm in einem Berns-Martin-Halfter, das eigentlich für Revolver gedacht ist. Zu Hause, dies nur am Rande, würde ich all die schönen Visitenkarten in Visitenkartenordner schieben, die ich mir eigens zugelegt habe. Nach dem Einordnen schaue ich sie nie wieder an. Außer manchmal. Als die lächelnde Kartenverteilerei allmählich abebbte, beschloss ich, mich unauffällig aus dem Staub zu machen. Dann sah ich die Japanerin.

Sie stand vollkommen verloren auf der Stehparty herum, und ich erkannte sofort, dass ihre wahre Stärke darin lag, der Themse beim Fließen zuzusehen. Ich stellte mich vor. »Oh«, seufzte sie, »ich liebe Deutschland.« Ohne jedes Misstrauen fragte ich: »Warum denn das?« Sie sagte: »Wegen Erich Kästner. Ich habe alles von ihm gelesen.« Es ergab sich folgender Dialog. »Pünktchen und Anton?« »Ah, Pünktchen.« »Emil und die Detektive?« »Ah, Emil.« »Das doppelte Lottchen?« »Ah, Lottchen.« »Der 35. Mai oder Konrad reitet in die Südsee?« »Ah, Konrad.« »Kennst du das Land, wo die Kanonen blühn?« »Nö.«

Ich gab ihr meine Visitenkarte, und sie gab mir ihre.

Nackte Mädchen lesen

Mehrmals hatte ich, wie ich fand, deutlich genug gesagt, dass ich sicherlich nicht mitkommen würde. Was soll nicht deutlich genug sein an: »Vergiss es. Lass mich mit dem Scheiß bitte in Ruhe.« Doch der stets erstaunliche G. ließ nicht locker. Er rief an, wieder und wieder. An meine Dienstadresse schrieb er diese Mail: »Zu verklemmt?« Ich bin nicht zu verklemmt. In puncto Verklemmtheit liege ich ziemlich genau auf halber Strecke zwischen Brasilien und dem Vatikan. Es war ganz einfach so: Mir erschloss sich der Sinn nicht. »Trau dich halt«, mailte er an meine Privatadresse.

2009 haben erstmals nackte Frauen unter dem Motto »Naked girls reading« in Chicago vorgelesen, dann in achtzehn weiteren Städten, darunter London. Nun lasen erneut nackte Frauen in London vor. Na und? »Ist es die Angst?«, sprach G. auf den Anrufbeantworter.

Im Grunde mag ich Lesungen. Nie werde ich vergessen, wie Cees Nooteboom bei einer Lesung betont unauffällig auf das Thema Sprachen kam und dann unfassbar nebenbei sagte: »Ich spreche ja mehrere.« Er sagte es gerade so unfassbar nebenbei, dass es niemand überhören konnte.

Im Internet nannte mich G. einen »Feigling«.

Oder wie der wunderbare Jakob Arjouni mal ganz genau sechzig Minuten gelesen hatte, sein Buch zuklappte und sich bedankte. Eine Frau im Publikum protestierte, das sei viel zu kurz gewesen. Nur eine Stunde! Arjouni sah auf seine Uhr. Er hatte ein paar schöne Erfolge mit seinen sehr lässigen Kayankaya-Krimis gefeiert und wurde nun endlich auch als literarischer Autor ernst genommen. Er schaute und schaute, dann waren 61 Minuten vergangen, seit er begonnen hatte zu lesen. »Das war sogar mehr als eine Stunde«, beschied er freundlich.

Was wusste G. schon von Lesungen?

Oder wie Harry Rowohlt, der zu den besten Vorlesern der Welt zählt, den Mynheer Peeperkorn aus Thomas Manns *Zauberberg* immer so aussprach, dass ein älterer, rotgesichtiger Zuhörer, der neben mir saß und wusste, wie man »Mynheer« wirklich ausspricht, sich schweigend so erregte, dass er anfing zu dampfen.

G. simste: »U-Bahn-Station Angel, rechts raus. Immer geradeaus. Old Queen's Head, erster Stock. Um acht geht's los.«

Als ich einen Tick zu spät im Old Queen's Head ankam, stieg ich in den ersten Stock – und verharrte auf dem obersten Treppenabsatz. Ich hörte eine Frauenstimme, die etwas Trauriges von Raymond Carver vorlas. Sie klang heiter, an einer besonders traurigen Stelle lachte jemand. Eine Minute verging. Naked girls reading. Natürlich würde es ein erstaunlicher Abend werden. Eine weitere Minute verging. Herrje, dachte ich, verfluchte den G. und öffnete die Tür.

Ein Tag am Meer

Sean fuhr einen klapprigen Hyundai, der mal grün gewesen sein könnte. Mittlerweile hat der Lack eine schwer zu beschreibende Farbe angenommen, die sich außer auf Seans Hyundai vermutlich nur herstellen lässt, wenn man frischen Spinat lange genug in die Sonne stellt, mit Rahmporree durchmischt und das Ganze mit Splittern von Schildkrötenpanzer garniert. Aber gut, für die Farbe konnte Sean nichts, die hatte sich so ergeben. Wofür er hingegen unbedingt was konnte, war der Wunderbaum. Wunderbäume, hatte ich gedacht, müssten seit Jahren aus allen Taxis der Welt verschwunden sein. Bei Sean baumelte einer in der Geruchsrichtung »Seit gar nicht mal so wenigen Wochen toter Fisch« am Rückspiegel. Umgehend stellte ich mir vor, wie Sean im Fachgeschäft für Autozubehör nach einem Wunderbaum verlangte. »Gern«, würde der Verkäufer sagen, »da haben wir Lavendel, New Car, Sportfrische, Vanille, ›Seit gar nicht mal so wenigen Wochen toter Fisch‹, Echtleder-Duft und Passion.« »Hm«, würde Sean erwidern, »klingt alles gut. Was war das noch mal vor Echtleder-Duft?« »Das war ›Seit gar nicht mal so wenigen Wochen toter Fisch‹.« »Das probier ich mal.«

Ich war in London so zeitig losgeflogen, dass es in Dublin immer noch zu früh war, um gute Laune zu haben. Der Fahrer des Flughafenbusses beliebte, in der Sekunde meiner Ankunft an der Haltestelle abzufahren. Also ging ich rüber zum Taxistand, wo ich einer eiligen Geschäftsfrau ritterlich den Vortritt ließ. Sie stieg in den glänzend schwarzen Mercedes. Ich faltete mich zu Sean in den Hyundai.

Einer so alten wie ungeschriebenen Regel zufolge ist es Journalisten verboten, über Taxifahrer zu schreiben. Zum Glück gilt diese Regel in Dublin nicht. Sean zeigte mir, auf welcher Musikschule der U2-Schlagzeuger Larry Mullen einst abgelehnt wurde. Dann erzählte er, wie Bram Stoker in Dublin auf die Idee zum Roman »Dracula« kam und außerdem Oscar Wilde die Frau ausgespannt hat. Ich revanchierte mich mit der eher faden Geschichte, wie ich mal an der irischen Westküste Austern gegessen und dazu Guinness getrunken hatte. »Ah«, sagte Sean vergnügt, »war das bei O'Dowd's in Roundstone?« Die irische Westküste ist ja recht lang. Ich hatte die Austern tatsächlich bei O'Dowd's in Roundstone gegessen. Farbe hin, Geruch her, das war nun doch unheimlich. Ich dachte nach. »Woher wissen Sie das?«, fragte ich schließlich. Sean rief: »Geraten. Ich komme aus Roundstone. Muss Fügung sein, dass Sie bei mir mitfahren.« In dem Moment bemerkte ich, dass sich die Duftmischung »Seit gar nicht mal so wenigen Wochen toter Fisch« im Fahrtwind bei offenem Fenster in »Ein Tag am Meer« verwandelt.

Allein dieses kreisrunde O

Der stets erstaunliche G. gehört zu den größeren Bescheidwissern unter meinen Freunden. Wenn ich zum Beispiel den Londoner Stadtteil Holborn so ausspreche, wie er geschrieben wird, korrigiert G. mich freundlich lächelnd: »Man sagt: Hoben.« Wenn ich in einem Anfall von Nachlässigkeit im Namen des Kaufhauses Fenwick, wo ich kürzlich ein Einstecktuch erstand, ein wirklich klitzekleines W mitklingen lasse, lächelt G. erfreut: »Fennick. Man sagt Fennick, das W ist stumm. So wie bei Chiswick – man spricht es Tschisick.«

Nachdem in dieser Woche die Schriftspezialisten der SZ hier angerufen hatten, bat ich ihn umgehend um ein Treffen. Die überraschend mächtigen Schriftspezialisten hatten nämlich dekretiert, dass es in dieser Kolumne um eine Schrift namens Johnston gehen sollte. Sie hielten das für eine dermaßen gute Idee, dass sie versprachen, die Kolumne diesmal sogar länger zu machen als sonst. Ich wusste über die Johnston lediglich, dass sie in der gesamten Londoner U-Bahn verwendet wird. Mehr nicht. Dies teilte ich den Schriftspezialisten in aller Form mit. Sie flöteten vollkommen unbeeindruckt: »Die Johnston. Allein dieses kreisrunde O. Sie ist wunderschön. Schreiben Sie das!« »Ihr habt sie wohl nicht alle«, sagte ich. »Doch«, erwiderten die Schriftspezialisten.

Es ist stets sehr lehrreich, mit G. in der Stadt unterwegs zu sein. Entweder es passiert etwas Erstaunliches, oder

G. hält, wenn das Erstaunliche ausnahmsweise woanders passiert, anschauliche, angenehm mittellange Vorträge. G. weiß so ziemlich alles über London, er kennt jede Gasse, jede Geheimtür, jeden Trick. Vor allen Dingen weiß er alles über die U-Bahn. Wenn man mit ihm an der Station Chiswick Park (genau: Tschisick Park) aussteigt, sagt er beiläufig: »Entworfen von Charles Holden.« Wenn man mit ihm in der Bakerloo-Linie sitzt, referiert er über das phantastische Design der Waggons der Baureihe 1972.

»Die Johnston«, seufzte G. wie ein Mann, der die Sehnsucht kennt, »sie ist wunderschön.« Er schaute in die unbestimmte Ferne. »Entworfen 1916 von Edward Johnston. Im gesamten Londoner U-Bahn-Netz zu finden. Erkennbar unter anderem am kreisrunden O.« Mit dem Rauch seiner Zigarette malte er ein kreisrundes O in die Luft. »Ende der 1920er weiterentwickelt von Johnstons Schüler Eric Gill zur Gill Sans, der englischen Schrift schlechthin. Er hat das O etwas breiter gemacht.« Mit dem Rauch seiner Zigarette malte G. ein etwas breiteres O in die Luft. »Die BBC benutzt die Gill Sans seit 1997 in ihrem Logo, womit sich der Kreis aufs schönste schließt, da Gill 1932 die Skulpturen von Prospero und Ariel am Broadcasting House der BBC geschaffen hat.«

»Hm«, brummte ich, »vielleicht sollte ich lieber was über diesen Gill schreiben als über die Johnston.« »Aber ja doch«, sagte G. grinsend. »Was?«, fragte ich. »Gill hatte ein ziemlich skandalöses Sexualleben.« »Inwiefern?« »Inzest, Missbrauch, Hund gebumst.« »O«, sagte ich.

Das gute alte Bargeld

Nur drei Leute in der Schlange bei der Post, das sah gut aus. Ich stellte mich an. Ein paar Minuten vergingen, ohne dass sich etwas tat, was daran lag, dass eine junge Frau versuchte, mit Karte zu bezahlen. Die meisten Briten bezahlen auch Kleinstbeträge mit Karte. Wenn es mit der ersten nicht klappt, holen sie eine zweite, dritte und vierte Karte aus dem Portemonnaie. Keine Ahnung, wie sie sich die ganzen Pin-Nummern merken.

Nach knapp zehn Minuten wurde das ältere Ehepaar vor mir nervös. Die Frau schnaufte wie ein schlecht gelauntes Gnu. Der Mann grummelte: »In der Zeit kannst du das Book of Kells neu schreiben.« Er drehte sich um und schaute mich an: »Das komplette Book of Kells. Zeichnungen inklusive.« Die junge Frau am Schalter kramte eine weitere Karte hervor. Hinter mir wuchs die Schlange. Das Book of Kells ist gut 1200 Jahre alt, es enthält die vier Evangelien. Es ist ein Meisterwerk der Buchkunst. Jeder Buchstabe ist feinstens gemalt. Jede Abbildung der Heiligen ein Gemälde. Heute ist es im Besitz des Trinity College in Dublin, das zwei Seiten dieses Kunstwerks in seiner Bibliothek ausstellt. Ein Schatz.

In die Postfiliale war ich gekommen, weil ich einem Kollegen ein Buch schicken wollte. Er hatte sich ein Bein gebrochen, als er beim Joggen im Richmond Park ausgerutscht war, er wurde operiert, er wurde eingegipst, in einem Sechs-Bett-Zimmer zwischengeparkt und dann entlassen. Seither liegt er zu Hause, leidet und liest. Ich blickte auf mein Paket: ein dünnes Bändchen durchschnittlichen Unterhaltungsgeschreibsels.

Wenige Minuten später rückten wir alle eine Position vor. Ein junger Mann gab ein beeindruckendes, schönes und großes Paket ab. Er bezahlte mit Karte. Das dauerte. Der ältere Mann vor mir nuschelte: »*Anna Karenina*. In der Zeit kannst du die komplette *Anna Karenina* neu schreiben.« Ich starrte auf mein Paket. Der berühmte erste Satz von Tolstois Roman *Anna Karenina* lautet: »Alle glücklichen Familien sind einander ähnlich, jede unglückliche Familie ist unglücklich auf ihre Weise.« Ich frage mich, ob nicht vielleicht die Glücklichen genauso wenig gemeinsam haben wie die Unglücklichen. Aber wer würde dem großen Tolstoi widersprechen? Ich starrte auf mein Paket. »Was zum Teufel ist eigentlich mit dem guten alten Bargeld passiert?«, rief der Mann.

Dann war das ältere Ehepaar selbst an der Reihe. Eine Weile diskutierten die beiden am Schalter, ob es besser wäre, ihr Päckchen erster oder zweiter Klasse zu verschicken. Schließlich hatten sie eine wohlabgewogene Entscheidung getroffen. »Zwei Pfund achtzig«, sagte die Frau hinterm Schalter, und der Mann zückte seine Karte.

Vom Fleck weg

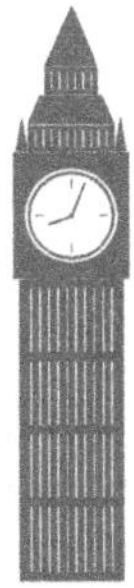

Wenn ich links am Vogelscheißfleck vorbeischauen würde, könnte ich die vier Wohntürme in der Fellows Road sehen. In weiter Ferne erheben sich die noch viel größeren Türme der Stadt, und ich weiß, ich könnte mir einbilden, den Gherkin zu erkennen, den Heron Tower und vielleicht auch den Shard. Aber ich kann in diesen Tagen nicht ruhigen Gewissens rechts und schon gar nicht links am Vogelscheißfleck vorbeischauen, was daran liegt, dass ich ans Umziehen denke.

Der Vogelscheißfleck war schon da, als ich hier eingezogen bin, er ist unentfernbar. Die Wohnung hatte mir ein Makler namens Scott vermittelt. Scott machte damals einen enorm umtriebigen Eindruck, er bediente ein Blackberry und ein iPhone mehr oder weniger simultan und hörte mir grundsätzlich erst zu, wenn ich etwas zum zweiten Mal fragte. Als ich ihn zum zweiten Mal fragte, ob sich eigentlich noch jemand um den Fleck kümmern würde, lächelte er ein schönes Maklerlächeln und sagte: »Aber klar!« Er hat sich dann tatsächlich noch einmal kurz gemeldet, allerdings in einer anderen Angelegenheit, und dann hörte ich nie wieder von ihm, weshalb ich jetzt anderen Maklern, nun ja, sagen wir mal: so halb vertraue.

Heute weiß ich, dass die korrekte Anzeige für meine Wohnung hätte lauten müssen: »Zugiges Schmuckstück. Gute Lage, vor allem, wenn man schnell wegwill. Nicht so besonders groß, aber wenn Sie links am Vogelscheißfleck vorbeisehen, können Sie die vier Wohntürme in der Fellows Road betrachten.«

Ich würde vermutlich trotz allem sofort wieder hier einziehen, und wann immer ich den Vogelscheißfleck in der Kolumne erwähne, bekomme ich wunderbare teilnahmsvolle Post. Eine Familie schrieb, dass für sie der Fleck zu einer Art Metapher geworden war: für das, was nun mal nicht zu ändern ist, aber in Wahrheit gar nicht so sehr stört. Wenn ich ihn länger nicht erwähne, bekomme ich Briefe und Mails, in denen geradezu liebevoll nach dem Zustand des Vogelscheißflecks gefragt wird. Hat er den letzten Schnee gut überstanden? Und hat ihm der Hagel neulich nicht arg zugesetzt?

Nun ist mir vor wenigen Tagen eine herrliche Wohnung angeboten worden. Bestens isoliert. Es ist ein Wunder: Sie hat doppelverglaste Fenster, und sie ist diesen kleinen, diesen entscheidenden Tick größer. Wenn ich in der neuen Wohnung morgens wach läge, könnte ich am Horizont noch immer die vier Wohntürme in der Fellows Road betrachten. Sie ist auch nur ein paar Meter die Straße rauf. Und sie ist vogelscheißfleckfrei.

Was Menschen so tun

Die Londoner Makler halten mich jetzt für irre. Sie hatten mir freundlich lächelnd Hunderte *lower ground floor flats* gezeigt, Kellerwohnungen, die sie als »clever ausgebaut«, »charmant« oder »charaktervoll« priesen. In Wahrheit handelt es sich um dunkle Löcher, in denen man körperlich spürt, dass obendrüber noch ein komplettes Haus steht, in dem die Menschen gerade tun, was Menschen nun mal tun. Milch trinken, fernsehgucken, die Kinder ärgern, Radio 4 hören, bumsen, die hässliche Wanduhr reparieren, im Internet herumlungern, ein Butternusskürbis-Curry langsam einköcheln lassen, schon mal das Geld für die Putzfrau rauslegen, obwohl die erst übermorgen kommt, dabei darüber nachdenken, was die Welt im Innersten ... »Was machst du da, Schatz?« »Nichts.« »Legst du schon wieder das Geld für die Putzfrau raus?« »Dann ist's gemacht.« »Die Putzfrau kommt diese Woche nicht. Das habe ich dir schon zweimal gesagt.«

All das könnte man auch im Keller tun, aber es wäre nicht das Gleiche. Es fehlte der Glanz, der sich in den oberen Stockwerken auf die Dinge legt und der das Leben alles in allem ziemlich erträglich macht. Meine These: Wer im Keller übers Geldrauslegen für die Putzfrau diskutiert, wird bald verstummen, sich dem Alkohol hingeben und früh sterben, verbittert. Wer im Dachgeschoss das Geld zu früh rauslegt, trinkt genügend Milch, hat starke Knochen, zauberhaften Sex und wird alt, sehr alt.

Schwer zu sagen, ob da was dran ist. Dennoch bewohne ich sicherheitshalber ein zugiges Dachgeschoss-Schmuckstück im Londoner Norden, an dem nichts auszusetzen ist, außer dass es zugig ist, diesen Tick zu teuer und eine Winzigkeit zu klein. Zudem verfügt es über einen unentfernbaren Vogelscheißfleck am Schlafzimmerfenster. Wobei Letzteres nicht zwingend gegen die Wohnung spricht, da ich mir einbilde, den Fleck liebgewonnen zu haben.

Ich würde wirklich gerne umziehen, ich habe Hunderte Kellerbuden angeschaut. Jeden Tag kommen neue *lower ground floor flats* auf den Markt, die ich pflichtschuldig besichtige, und wann immer ich den Maklern sage, dass ich aus überlebenswichtigen Gründen nicht unter der Erde wohnen will, lächeln sie: »Gibt halt nix anderes. Nimm es, oder lass es.«

Und dann war sie da, vor gut einer Woche: die nahezu perfekte Dachgeschoss-Wohnung mit den dichten, vogelscheißfleckfreien Fenstern. Schwer zu erklären, was es war. Ich hatte ein Butternusskürbis-Curry angesetzt, ein paar Gläser Milch getrunken und schon mal das Geld für die Putzfrau rausgelegt. Dann habe ich den Maklern lächelnd abgesagt.

Löwin auf Beutezug

Einen soliden Mittelklassewagen hatte ich bei der Autovermietung bestellt. Auf dem Foto im Internet sah er so grau und langweilig aus, dass ich ihn sofort lieb gewann. Er war bezahlbar, klobig und noch fader als ein Golf. In diesem stinköden Auto, das beschloss ich, würde ich zu Ostern gelassen nach Cornwall gondeln, wo ich in einem Küstenhotel versuchen wollte, vier Tage lang an ziemlich genau nichts zu denken. Bei drei Autovermietungen hatte man mir zuvor erklärt, dass sämtliche Mietwagen Londons seit Wochen reserviert seien, weil drei Viertel der Stadtbewohner über das lange Wochenende in die Cotswolds reisen, während das restliche Viertel Cornwall ansteuert, um dort an der Küste an ziemlich genau nichts zu denken. »Kommse gleich vorbei«, sagte Autovermietung Nummer vier, als ich wegen des grauen Wagens anrief, »aber schnell.«

Der Mann am Schalter füllte einen hübschen Stapel an Formularen aus, er buchte einen Haufen Geld von meiner Kreditkarte ab, dann sagte er: »Glückwunsch, Sie kriegen ein Upgrade.« »Das ist wirklich nicht nötig«, sagte ich. »Sagen wir es so«, beschied der Schaltermann: »Sie kriegen den letzten Wagen, den wir haben.« So geriet ich an den Renn-BMW.

Wenn ich an einer roten Ampel stand, blickten mir die Passanten direkt ins Gesicht. Sie wollten sehen, welcher armselige Trottel sich in einen Wagen faltet, der ungefähr hüfthoch ist und über einen Motor verfügt, der selbst im Leerlauf klingt wie eine nahende Gewitterfront. Wenn ich beim Anfahren das Gaspedal ganz leicht mit der Spitze des großen Zehs berührte, sprang der Wagen vorwärts wie eine Löwin auf Beutezug und klang dabei wie eine Staffel Düsenjäger im Tiefflug. In diesen Momenten wich die Verachtung aus den Blicken der Passanten und machte Platz für reinen, unverfälschten Hass.

So röhrte ich rüber nach Cornwall. Mit donnerndem Getöse traf ich am Küstenhotel ein und stellte das Geschoss auf dem Parkplatz ab. Ich konnte spüren, wie sämtliche Gäste in diesem Moment zusammenzuckten. Einige Tagesausflüge später wusste wirklich ganz Cornwall von der Ankunft des Monsters. Während der gesamten vier Tage dachte ich nicht eine Sekunde lang an nichts. Aber, das immerhin, manchmal an fast nichts. Dann röhrte ich zurück in die Stadt. Sehr, sehr vorsichtig steuerte ich den Wagen aus dem dichten Londoner Verkehr zurück auf den staubigen Parkplatz der Autovermietung. »Na, wie war's?«, fragte der Schaltermann. »Es war herrlich«, sagte ich wahrheitsgemäß.

Eine verdammte Schande

Vermutlich täusche ich mich, aber es beschleicht mich allmählich das Gefühl, dass der stets erstaunliche G. an den detaillierten Schilderungen meiner unendlichen Wohnungssuche nicht mehr ganz so brennend interessiert ist wie am Anfang. Insbesondere, nachdem ich vor zwei Wochen eine nahezu perfekte Dachgeschoss-Wohnung mit dichten, vogelscheißfleckfreien Fenstern abgesagt hatte, weil ich irgendwie nicht das richtige Gefühl bei der Besichtigung hatte.

»Eine halbschöne Wohnung mit semidichten Fenstern, die nicht am Ende der Welt liegt. Das ist doch nicht zu viel verlangt«, sagte ich. G. nahm einen Schluck Camden Lager, das er mit einem Schuss weißer Limo hatte schänden lassen. Der Barmann hatte zu Recht angewidert geschaut, als G. um das Limo-Finish bat. Aber das ficht ihn nicht an.

Ich erzählte G., dass ich gern eine Dusche hätte, bei der ich das Wasser nicht eine halbe Stunde lang mit Strom aufheizen muss. Dafür würde ich sogar etwas mehr Miete bezahlen, denn allein von den Stromrechnungen für meine jetzige Wohnung lässt sich ganz Kiel monatelang hell erleuchten. Vielleicht einen klitzekleinen Balkon, sagen wir: so groß wie eine aufgeschlagene Zeitung. Oder ein handtuchgroßes Fleckchen Garten. Muss nicht sein, wäre aber schön. Und das Ganze, bitte, bitte und noch mal bitte: nicht im Untergeschoss. »Das ist alles, was ich will«, sagte ich.

»Mmmmmmmh«, sagte G., nachdem er erneut an seinem

limonisierten Bier genippt hatte. Ich trank ein Camden Lager ohne Limo. Mit vollem Namen heißt es Camden Hells Lager. Es wird von der Camden Town Brewery hergestellt und gehört zu den besten Lagerbieren Londons. Die Camden Town Brewery ist eine kleine, 2010 gegründete Brauerei, die an diesem Samstag ein Fest feiert, in 55 Wilkin Street Mews. Leckeres Bier, Essen unter anderem von Big Dirty Burger und Dogfather Diner. Ich stelle mir die Brauer als lässige Typen vor, die sich in Kettensägenmörder verwandeln würden, wenn sie wüssten, was G. mit ihrem Bier anstellt. Aber das ficht ihn nicht an.

Wir saßen im Garden Gate, einem Pub im Nordwesten, der über semidichte Fenster und einen Kamin verfügt, in dem in diesem Jahr auch im April noch ein Feuer brannte. Die meisten Leute im Pub tranken schweigend ihr Bier. Manche unterhielten sich gedämpft.

»Die Makler zeigen mir jetzt nicht mal mehr die Wohnungen, die man auf ihren Internetseiten sieht«, sagte ich, »gibt's das?« Das Kaminfeuer prasselte. »Auf den Fotos sieht man lichtdurchflutete Räume im Obergeschoss, und bei der Besichtigung stehen wir dann doch wieder im Keller«, erzählte ich. G. starrte ins Feuer. »Ich glaube, dass die Makler sich über mich lustig machen«, sagte ich. G. hob sein Glas, leerte es in einem Zug, hielt es hoch wie eine Trophäe und sagte: »Wirklich eine verdammte Schande, dieses herrliche Bier mit Limo zu verdünnen.«

Der letzte zivilisierte Flughafen Westeuropas

Die Stewardess stand direkt vor mir, was daran lag, dass ich in der ersten Reihe saß. Dort hatte ich noch nie gesessen, aber beim Einchecken am Dubliner Terminal 2 hatte der freundliche Schaltermann der Qualitätsairline überraschend gefragt: »Erste Reihe okay?« »Aber klar doch«, sagte ich.

Die Stewardess leierte die vor dem Abheben üblichen Ansagen ins Bordmikrofon, abschließend sagte sie: »Ganz herzlich möchte ich Sie auch im Namen von Flugkapitän Stephen …« Eine Sekunde verging, zwei Sekunden, drei Sekunden. Die Stewardess dachte nach. Ich lächelte ihr angespannt zu. Nachdem eine vierte Sekunde sehr gemächlich verstrichen war, hellte ihr Blick sich auf, und sie sagte »… Murphy an Bord begrüßen.«

Leider hatte ich beim Einchecken übersehen, dass der freundliche Schaltermann mir einen Fensterplatz zugeteilt hatte. Das hatte er bestimmt gut gemeint, aber ich mag Fensterplätze nicht. Ich gehöre zu den Passagieren, die im Flugzeug möglichst nicht daran erinnert werden möchten, dass sie sich in der Luft befinden. Nicht nur in diesem Punkt unterscheide ich mich vom stets erstaunlichen G., der ein begeisterter Flieger ist. Am liebsten fliegt G. vom Dubliner Terminal 1, weil es dort, wie er sagt, eine Bar mit riesiger Raucherterrasse gibt. Nun muss man wissen: Kein normaler Mensch benutzt in Dublin den Terminal 1. Dort operieren ausschließlich obskure Fluggesellschaften, deren Namen noch nie jemand gehört hat. Nach seinem letzten Besuch in Dublin erzählte G., er sei mit Suckling Airways geflogen. Ich habe das geprüft. Die gibt es. Seine Stewardess, sagte G., habe Chanel geheißen. Ich nahm das kommentarlos zur Kenntnis.

Die Raucherterrasse am Terminal 1 findet G. dermaßen famos, dass er mir sehr oft davon erzählt. Eigentlich immer dann, wenn ich ihn nicht mit Geschichten von meiner Wohnungssuche belästige. Und jedes, wirklich jedes Mal beschließt er seine Erzählung mit den Worten: »Der Dubliner Airport ist der letzte zivilisierte Flughafen Westeuropas.« Bisher konnte ich nicht prüfen, ob es diese Bar mit Raucherterrasse wirklich gibt, geschweige denn, ob sie famos ist, da ich nicht bei obskuren Fluggesellschaften buche, deren Namen noch nie jemand gehört hat. Selbst bei Flügen mit Qualitätsairlines denke ich nach jeder Landung: Puh, wieder mal knapp davongekommen. So ging es mir auch diesmal nach dem Fensterplatzflug.

Die Stewardess griff das Bordmikrofon, leierte die nach der Landung üblichen Ansagen herunter und sagte abschließend: »Auch im Namen von Flugkapitän Stephen …« Eine Sekunde verging, zwei Sekunden, drei Sekunden. Ich lächelte ihr aufmunternd zu.

Ist geritzt

Die Maklerin befand sich gewichtsmäßig, wie man hier sagen würde, nördlich des Doppelzentners. Sie trug ein gutes Kilo Make-up, ihre Haare umstanden den Kopf wie ein umgedrehter Vollbart, sie sprach in einer Frequenz von geschätzt 600 Wörtern pro Minute und war die zweitfreundlichste Person, die ich bisher in London kennengelernt hatte. Die Wohnung, die wir gemeinsam anschauten, war ebenfalls großartig. »Und?«, fragte sie nach der Besichtigung mit Blick auf meine verpflasterten Hände, »Hang zur Selbstverstümmelung oder Hobbykoch?«

Zu meinen großen Spezialitäten beim Kochen gehört es, mir in die Finger zu schneiden. Ich bewerkstellige das in der Regel mit einem unterarmlangen Messer von Wüsthof. Meine zweite Spezialität ist es, mir die Handrücken zu verbrennen. Vermutlich habe ich noch nie eine Lasagne in den Ofen geschoben, ohne mir dabei eine veritable Brandwunde zuzuziehen. Vergleichsweise selten, aber doch gelegentlich ritze ich mir die Fingergelenke an Konservenbüchsen auf. Das alles führt dazu, dass meine Hände von einem feinen Geflecht an Narben überzogen sind, einer Landkarte der Schmerzen. Wenn Profiköche einen Blick auf meine Hände würfen, zögen sie anerkennend Luft durch die Zähne.

Die aktuelle Wundbilanz: Gelenk des linken Ringfingers nach Anritzen leicht geschwollen. Fingerkuppe des linken Zeigefingers halb abgetrennt. Diverse Brandmale und

Schnitte. Die mir am nächsten stehende Person der Familie hat angekündigt, jetzt endlich Sicherheitshandschuhe zu besorgen. »Ich kauf dir sogar welche mit dem Union Jack drauf«, sagte sie, nachdem ich das Wüsthof Anfang der Woche mit Aplomb durch eine rote Zwiebel und tief in den Zeigefinger geführt hatte.

Wer einen schweren Fahrradsturz hinter sich hat, muss sofort wieder aufs Rad. Wer einen Flugzeugabsturz überlebt, muss sofort wieder an Bord. Mitte der Woche setzte ich also ein Butternusskürbis-Curry nach einem Rezept meines Lieblingskochs Hugh Fearnley-Whittingstall an, für dessen Zubereitung ich nicht nur den Kürbis, sondern auch eine Familienpackung Zwiebeln schneiden musste. Ich brachte eine von mir selbst entwickelte Sicherheitsschneidetechnik zur Anwendung, die dazu führte, dass ich mit einem klitzekleinen Riss im Daumenballen durchkam.

Wer mit dem tausendsten Londoner Makler das tausendste Untergrund-Loch angeschaut hat, muss sofort wieder eine Besichtigung vereinbaren. »Hobbykoch«, sagte ich zur Maklerin. »Die Wohnung gefällt mir, ich würde gern ein Angebot abgeben.« Sie sah auf meine Hände, sie sah mir ins Gesicht. Dann sagte sie: »Ist geritzt.«

Er mochte sein Guinness

Wenn der Wind richtig steht, gleitet die Maschine zum Belfaster City Airport über Belfast Lough, die Belfaster Förde. Man sieht vom Flugzeug aus Wasser, Wasser, Wasser, Wasser, Wasser, und just in dem Moment, in dem auch abgefeimteste Vielflieger, die bereits Landungen auf allen Höllenflughäfen der Erde und sogar in der Bucht von Barra in Schottland lässig grinsend hinter sich gebracht haben, im tiefsten Inneren ihrer Vielflieger-Seele zu der Überzeugung gelangen, dass der Pilot sich, die Besatzung und sämtliche Passagiere ohne Umschweife auf den Grund des Meeres zu befördern gedenkt, und daher, in ihren letzten Sekunden, im innigen Gebet schließlich doch zu Gott finden, materialisiert sich die Landebahn. Auch ich war nach der Landung immerhin entschlossen, das Selbstverständliche nie wieder als selbstverständlich hinzunehmen.

Einige Stunden später, gegen sieben Uhr abends, überredete ich F., auf ein Guinness in der Crown Bar vorbeizuschauen. Es gibt keinen schöneren viktorianischen Pub in Belfast. Genau genommen gibt es kaum einen schöneren viktorianischen Pub im gesamten Vereinigten Königreich. In den Neunzigerjahren hatte ich dort das ein oder andere Guinness getrunken und selten bis nie einen Touristen erspäht. Damals gab es kaum Touristen in Belfast, und das lag nicht am Landeanflug zum City Airport. Wer damals als Tourist in Belfast war, hatte sich verirrt.

Der City Airport verfügt über einen großartigen Namenspatron. Es ist der beste Fußballer, den dieser liebenswerte Zipfel der Welt je hervorgebracht hat. George Best spielte nicht nur besser als jeder sonst, er trank auch mehr. Er spielte, trank, heiratete ein paar Miss Worlds, trank, wurde dick, trank, wurde dicker, trank, starb. Sein Name steht in einer sehr schwungvollen Schreibschrift über dem Eingang des Flughafens geschrieben: George Best. In Nordirland sagt man, er mochte sein Guinness.

Als F. und ich die Crown Bar betraten, fotografierten Menschen in Allwetterjacken die Barmänner. Die wenigen Gäste, die nicht nur fotografierten, sondern auch Getränke orderten, fragten nach Halfpints, eine Maßeinheit, die in diesem Landstrich nur pro forma existiert. Ich bestellte zwei Guinness. F. nahm einen Schluck und sagte, ehrlich begeistert: »Mhhmmmm.«

Das Selbstverständliche: Wasser ist nass, der Himmel ist blau, Frauen haben Geheimnisse, auf der irischen Insel gezapftes Guinness ist das beste Bier der Welt. F. aber wandte sich zum Barmann und sagte: »Dieses Bier ist wirklich lecker. Wie heißt es?« Der Barmann lächelte wissend und sagte: »Wir nennen es Guinness.«

Letzter Aufruf für Mister Säck

Meine Reinigung wirbt damit, dass sie Kleidung nicht nur reinigt, sondern bei Bedarf auch repariert. Auf einem Schild im Fenster steht, dass alle Reparaturen von Meisterschneidern aus der Savile Row ausgeführt würden. Die Savile Row ist bekannt dafür, dass dort allerlei Herrenausstatter ansässig sind, die zum Preis eines Kleinwagens Maßanzüge schneidern. Erstaunlich, dachte ich, als ich damals gerade in London angekommen war, dass die Savile Row auch für die Reinigung in unserem Viertel arbeitet.

Als ich die Reinigung zum ersten Mal betrat, standen der Kleidungsentgegennehmer, die Chefin und der Schneider hinter dem Tresen und schauten interessiert, was ich wohl so abgeben wollte. Sie waren sehr freundlich und sprachen in verschiedenen osteuropäischen Akzenten. Herrlich rollende Rs, brüsk hervorgestoßene Vokale. Der Kleidungsentgegennehmer richtete mir ein Konto ein, die Chefin und der Schneider sahen interessiert dabei zu. Er tippte meinen Namen, meine Adresse und meine Telefonnummer ins System. Leider entzieht sich mein Nachname der korrekten Aussprache im Englischen. In der Regel werde ich »Sätschki« genannt, manchmal »Satschk«. Am Flughafen wurde ich neulich als »Mister Säck« ausgerufen, was mir recht gut gefiel.

»Sorry«, sagte ich also, nachdem ich meinen Namen buchstabiert hatte, »man kann das auf Englisch nicht aussprechen.« Kurz herrschte Stille. Dann sagten der Kleidungsentgegennehmer, die Chefin und der Schneider nacheinander feierlich ihre Nachnamen auf, und es ist keine Übertreibung zu sagen, dass es sich um die unaussprechlichsten Namen des gesamten Königreichs handelte.

Im Laufe der Zeit fiel mir auf, dass in der Reinigung genau ein Schneider arbeitet. Es ist immer derselbe. Manchmal dachte ich: bemerkenswert. Von der Savile Row in die kleine Reinigung, die eingeklemmt zwischen einer Bank und einer Drogerie an einer viel befahrenen Straße liegt. Ich stellte mir vor, dass der Schneider vielleicht die Schnauze voll hatte von all den Maßanzügen und Meisterschneidern. Immer nur edles Tuch, immer nur feinster Schnitt, immer nur elende Perfektion. »Auf«, mag er gedacht haben, »auf in den Norden der Stadt, in die Reinigung zwischen Bank und Drogerie, wo das richtige Leben spielt.«

Als ich vor einer Woche zum ersten Mal eine Hose zum Flicken abgab, fragte ich den Schneider, um ein wenig Konversation zu machen, wann er denn auf der Savile Row gearbeitet habe. Er schaute interessiert auf die Hose und sagte sehr freundlich: »Auf der Savile Row? Noch nie.« Seither ist er der Schneider meines Vertrauens.

Rihanna is in the house

Die Barfrau schaute mich an, wandte dann den Blick zu der Frau links neben mir, warf die Arme in die Luft und rief: »Rihanna is in the house!« Ich tat so, als sei nichts, was eine meiner Stärken ist. Ich kann derart überzeugend so tun, als sei nichts, dass Leute in meiner Nähe manchmal tatsächlich glauben, es sei nichts, obwohl sie wissen, dass was ist. Ich verhielt mich überdies wie ein Mann, der zu alt ist, um zu wissen, wer oder was Rihanna ist. Oder dem es gerade entfallen ist. Wie ein Mann, der an diesem nasskalten Maitag, über dem ein Betonhimmel hing, einfach nur zwei leckere Biere bestellen will, um mit dem stets erstaunlichen G. in großer Ruhe ein Feierabendglas zu trinken.

Ich hatte G. in der Nähe des Piccadilly Circus getroffen, wo er gerade einen Koffer für seine Ehefrau kaufte. »Wo geht's hin«, fragte ich. »New York«, sagte G. »Wann fahrt ihr?« »Sie fährt. Ich bleibe hier.« »Warum das denn?« G. schnaubte das Schnauben eines Weltmanns, der gefragt worden ist, warum er nicht mit nach Gladbeck fährt. Er sagte: »Ich setze mich doch nicht neun Stunden lang ins Flugzeug, um von einer Großstadt in eine andere zu fliegen.« Durch den Niesel spazierten wir rüber zum The King's Head, Albemarle Street Ecke Stafford Street. G. wartete draußen und rauchte, ich ging rein und holte Bier.

Nachdem ich lange genug so getan hatte, als sei nichts, begann ich, in kaum wahrnehmbarer Allmählichkeit, meinen Kopf nach links zu drehen. Einen Zentimeter. Innehalten. Noch einen Zentimeter. Innehalten. Mein Blick schlich sich so unmerklich an wie Old Shatterhand an das Tipi eines uralten Häuptlings der Kiowa. Im Verlauf dieser unendlich langsamen Drehung bestellte ich nebenbei zwei Bier. Schließlich war ich, nachdem ich meine Pupillen bis zum Anschlag nach links geschoben hatte, kurz davor, einen ungefähren Blick auf Rihanna werfen zu können.

»Was gibt's zu glotzen?«, fragte Rihanna. Ich ließ meine Pupillen zurückschnellen und tat so, als sei nichts. Überhaupt nichts. Drei Sekunden lang, vier Sekunden. »Ich hab gefragt, was es zu glotzen gibt«, sagte Rihanna. Fünf Sekunden, sechs Sekunden. Dann schaute ich sie direkt an und sah, dass es sich bei Rihanna um eine rund fünfundvierzig Jahre alte Geschäftsfrau handelte, die ein Glas Whisky in der Hand hielt. »Sorry«, sagte ich, »war 'ne Verwechslung.« Rihanna schnaubte das Schnauben einer Weltfrau.

Ich nahm die Biere und ging raus zu G. Er wartete rauchend unter der Markise und brummte: »Hat ja gedauert.« Ich sagte: »Rihanna is in the house.« G. schaute wie ein Mann, der zu alt ist, um zu wissen, wer oder was Rihanna ist.

Jetzt sind wir reich

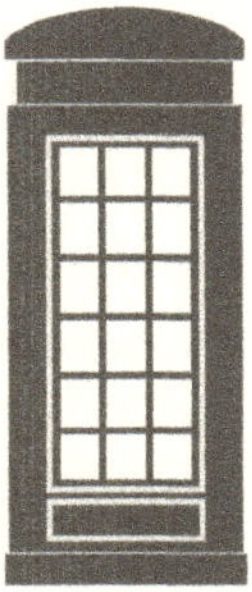

Es sind Tage des Abschieds, und Abschiede kann ich nicht gut leiden. Ich weiß, Abschied ist immer und überall. Gibt keinen Grund, darum ein größeres Gewese zu machen. Und doch: In dieser Woche ist Ray Manzarek gestorben, der geniale Keyboarder der Band The Doors. Wann immer ich den Namen Ray Manzarek höre, muss ich daran denken, wie mein Vater, der ungefähr so viele Schallplatten besitzt, wie Bücher in der British Library stehen, vor Äonen in einem Plattenladen namens Music Land in der Kiste mit der Ausschussware stöberte, bis er nach knapp drei Minuten Manzareks erstes Solo-Album hervorzog, das *The Golden Scarab* heißt.

»Pffffff«, machte er. Ich war damals so groß, dass ich gerade über den Esstisch spähen konnte. »Pfffffffffffffffff«, machte mein Vater. Ich muss ihn so durchdringend und fragend angesehen haben, wie das nur kleinen Jungen gelingt, die gerade über den Esstisch spähen können. »Nur zwei Mark«, raunte mein Vater. Er sah sich um, nahm mich bei der Hand, bewegte uns auf direktem Wege zur Kasse und bezahlte. Zwei Mark. Wir verließen den Laden umgehend und unauffällig, was ungewöhnlich war. Normalerweise blieb mein Vater einige Stunden lang im Plattenladen, weil der Plattenladen sein natürliches Habitat war und bis heute ist. Wenn er ihn verlässt, hat er normalerweise zu viele Platten gekauft, um sich unauffällig bewegen zu können.

Ich ziehe bald um, gut zweihundert Meter die Straße runter, und dieser Abschied ist natürlich viel banaler als der Tod. Keine große Sache, aber er bedeutet, dass ich den unentfernbaren Fleck Vogelscheiße an meinem Schlafzimmerfenster zurücklassen muss. Ebenso die anderen undichten Fenster, die Tröpfeldusche, die niemals richtig warm wird, den aufgesprungenen Laminatboden und den wachsenden Riss in der Wand über dem Bett. Und das vielgestaltige Kleingetier, das in dieser Woche, da die Temperaturen beliebten, knapp über zehn Grad zu klettern, zurückgekommen ist. Das zugige Schmuckstück, in dem ich doch ganz froh war, würden viele altgediente Londoner als Witz bezeichnen. Mir wird es fehlen.

Als mein Vater und ich damals den Plattenladen verlassen und uns um die nächste Ecke geschlichen hatten, hob er mich in die Luft und rief: »The Golden Scarab!« Ich nahm das zur Kenntnis. Mein Vater sagte: »Eine göttliche Platte. Und diese Pressung gibt's nicht unter 250 Mark.« Ich wusste nicht, wer Ray Manzarek ist. Ich kannte die Doors nicht. Ich hatte Ray Manzareks Intro zu »Riders on the Storm« noch nicht gehört, und auch nicht sein unfassbares Orgelspiel in »The End«. Ich war ein Junge, der gerade über den Esstisch spähen konnte. Ich dachte: »Ah. Jetzt sind wir reich.«

Es gibt ihn wirklich

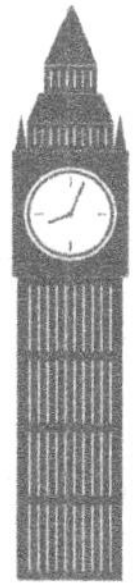

Während wir vor dem Toucan in Soho standen, erzählte ich dem stets erstaunlichen G., dass ein Leser angemerkt habe, dass er ihn, G., für eine Erfindung halte. »Ah«, sagte G. erfreut. Er nippte an seinem Guinness. Wir schwiegen eine Weile. Hin und wieder kam ein Bettler vorbei, und G. gab ihm ein Pfund. G. gibt jedem Bettler ein Pfund. Immer.

Nachdem wir lange genug geschwiegen hatten, fragte G: »Wer hat jetzt eigentlich dieses deutsche Fußballspiel neulich hier in London gewonnen?« Da ich mir nicht sicher war, ob er mich, wie üblich, verarschte, sagte ich: »Die haben unentschieden gespielt.« »Ah«, sagte G. Er nippte an seinem Guinness.

Der stets erstaunliche G. trinkt nie Guinness, es sei denn, wir sind im Toucan. Beziehungsweise: vor dem Toucan. Seit die Temperaturen vor vier Wochen wieder knapp über den Nullpunkt gestiegen sind, trägt G. zum Polo-Shirt eine leichte Trinkjacke und raucht. Es tut ihm nicht gut, manchmal hustet er, als wäre der Teufel in ihn gefahren, aber er raucht.

Das Nelly Dean, gleich um die Ecke, wäre auch eine gute Wahl gewesen, weil dort die Barleute sehr freundlich sind und das Bier nicht wie sonst fast überall in Soho so viel kostet wie eine Flasche Roederer Cristal. Aber das Haus wird gerade renoviert, und da G. zwar gern in leichter Jacke draußen steht und raucht, aber den Baustellenstaub nicht so gut abkann, waren wir ins Toucan gegangen. Im

Keller des Toucans hat einst Jimi Hendrix gespielt, und an der Bar des Toucans zapfen sie bis heute das beste Guinness der Stadt. G. sagte: »Dann gibt es jetzt also keinen Gewinner in diesem Fußball?« Ich nickte. Ein Bettler kam vorbei, G. gab ihm ein Pfund.

Am vergangenen Samstag waren, grob geschätzt, rund zwölf Millionen Deutsche nach London gekommen, um das Champions-League-Endspiel zwischen dem FC Bayern und Borussia Dortmund zu sehen. Knapp zwei Millionen Deutsche standen nachmittags auf dem Trafalgar Square, was zur Folge hatte, dass kein Platz mehr war für die sechs Millionen Tauben, die dort normalerweise herumspazieren. Die Tauben flogen ziellos umher. Hin und wieder, so bilde ich mir ein, schiss eine der Tauben dem Nelson-Denkmal auf seiner sechsundfünfzig Meter hohen Säule einen unentfernbaren Fleck auf den Kopf.

Ich fragte: »Du interessiert dich wirklich null Komma null für Fußball?« G. kramte eine Weile lang in seiner leichten Trinkjacke herum, schließlich fischte er eine Karte hervor: »Hier«, sagte er, »Mitglied im London Fencing Club. Mitgliedsnummer GES 03843.« »Sieh an«, murmelte ich, »es gibt dich wirklich.«

Direkt auf die Schnauze

Es sind nur zweihundert Meter. Vielleicht dreihundert. Keine große Sache. Von einem großen, roten Mehrfamilienhaus in ein kleineres, weißes Mehrfamilienhaus. Ich habe mich beim Stromversorger umgemeldet, beim Gasversorger und beim Wasserversorger sowieso. Nachsendeauftrag ist eingereicht, kostet genau hundert Pfund. Bank benachrichtigt, Gemeindesteuer neu berechnet, Endreinigung bestellt, SZ-Abo umgeleitet. Alle anderen Zeitungen kaufe ich weiterhin jeden Morgen beim Newsagent, dem freundlichsten Mann des Viertels. Ich bin bereit.

Die Vormieter der neuen Wohnung sind Amerikaner. Sie haben gesagt, die Wohnung sei okay. Wenn die Vormieter Amerikaner sind und über eine Londoner Wohnung sagen, sie sei okay, darf man keine Fragen mehr stellen. Man muss sofort anbieten, die absurd hohe Miete freiwillig aufzustocken. Besitzt der Vermieter, wie fast alle Vermieter, einen tollwütigen Rottweiler mit braunfauligem Gebiss, muss dieser wiederholt geknuddelt und direkt auf die Schnauze geküsst werden, das schafft Bindung zu Hund und Besitzer. Die Hauptsache ist: Man bekommt die Wohnung. Genauso habe ich es gemacht.

Auf Stehempfängen sagen Amerikaner auf unnachahmlich lässige Art: »Jeder weiß, dass man bei Londoner Wohnungen hinsichtlich des Komforts gewaltige Abstriche machen muss.« Engländer hören sich das in großer Ruhe an. Sie quittieren solche Aussagen mit freundlichen Blicken.

Diese bedeuten auf unnachahmlich lässige Weise: »Jeder weiß, dass man bei Amerikanern hinsichtlich der Zurechnungsfähigkeit gewaltige Abstriche machen muss.«

Aber sie wissen, dass die Amerikaner womöglich recht haben könnten. Amerikaner würden nie in eine Wohnung mit undichten Fenstern einziehen, in der die Spalten in den knarzenden Laminatböden fingerbreit sind und die leise tröpfelnden Duschen an guten Tagen lauwarm werden.

Wann immer mich zuletzt jemand fragte, wie denn die neue Wohnung so sei, in die ich ja sicherlich bald einziehen werde, sagte ich also: »Die Vormieter sind Amerikaner.« Ich erntete bewundernde, teils neidische Blicke.

Meine alte Wohnung hatte einen unentfernbaren Vogelscheißfleck am undichten Schlafzimmerfenster, wie ich schon ein- oder vielleicht sogar zweimal erwähnt habe. Ich hoffe, es ist Adlerscheiße. Ich teilte die Wohnung mit allerlei Kleingetier, darunter Mörderameisen und Killerspinnen. Sie war hundehüttengroß und kostete in der Woche ungefähr so viel, wie der Chef von Daimler im ganzen Jahr verdient. Ich werde sie nie vergessen.

Die stärksten Männer, die ich je gesehen habe

Das Sofa war von außergewöhnlicher Schönheit. Ich hatte es im Internet erspäht und war anschließend durch halb London bis zum Ausstellungsraum der Sofafirma gefahren. Nun stand ich tief im Westen und schaute es an. Dies, beschloss ich, sollte das neue Wohnzimmersofa sein. Es war schlicht und bequem, es hatte genau die richtige Größe und war außerdem im Angebot. Ich strich über den Stoff. Dann entdeckte ich den Fleck.

Vor Kürzestem bin ich tatsächlich umgezogen. Es war der heißeste Tag des Jahres, was die Umzugsmänner nicht anfocht. Es waren fünf, alle so breit, dass sie nur quer durch die Tür passten. Sie klingelten um sieben Uhr morgens, trugen meine Sachen schwitzend aus dem obersten Stockwerk des roten Mehrfamilienhauses, fuhren schwitzend zwei- oder dreihundert Meter die Straße entlang und trugen den ganzen Kram schwitzend ins oberste Stockwerk des weißen Mehrfamilienhauses. Das alles dauerte dreizehn Stunden, und es ist keine Übertreibung zu sagen, dass am Abend das ganze Viertel nach dem Schweiß der Umzugsmänner roch. Als sie fertig waren, tranken sie Orangensaft aus kleinen Flaschen und aßen mit Gewürzhuhn belegte Sandwiches. Dann stiegen sie in ihren Laster und fuhren in ihr Dorf zurück, das zwei Stunden von London entfernt liegt und dessen Namen ich leider vergessen habe. Es waren die stärksten Männer, die ich je gesehen habe. Alles war perfekt, nur im Wohnzimmer war eine Ecke leer geblieben, die mit einem neuen Sofa gefüllt werden wollte.

Ich sah mir den Fleck genauer an. Es war ein knapp drei Zentimeter langer Strich. Er stammte unzweifelhaft von einem Kugelschreiber, was bedeutete, dass er unentfernbar war. Ich habe zwar einige Erfahrung mit unentfernbaren Flecken, was ich jetzt gar nicht weiter ausführen möchte, aber ich wollte definitiv kein Sofa mit Kulifleck. Genau so erklärte ich es der Verkäuferin, die verständnisvoll nickte. »Kein Problem«, sagte sie, »wir haben genau dieses Sofa noch einmal auf Lager. Brandneu. Ohne Fleck.« »Und das ist auch im Angebot?«, fragte ich. Sie nickte. Die Verkäuferin schwatzte mir noch eine überteuerte Schutzbehandlung für den Bezug auf, dann ließ ich von meinem Konto so viel Geld abbuchen, wie der Daimler-Chef in vier Jahren verdient, und schon war ich Besitzer des Sofas. Lieferung am nächsten Tag.

Zwei schmächtige Typen, die nebeneinander durch die Tür passten, wuchteten das Sofa in die neue Wohnung, sie stießen nur zwei-, dreimal an die frisch gestrichenen Wände. Großer Gott, dachte ich, was ist das für ein schönes Sofa. Den schmächtigen Männern drückte ich ein Trinkgeld in die Hand und schloss die Tür hinter ihnen. Nachgerade liebevoll strich ich über den schutzbehandelten Stoff. Dann entdeckte ich den Kulifleck.

Ich dachte noch einmal an alles

Wie verbringt man die schwierige Zeit zwischen zwei Sofa-Lieferungen am besten? Richtig, man fährt kurz nach Nordirland. Dort wurde ich in einen Kleinbus verfrachtet, der über eine hügelige Landstraße zum Hotel kachelte. Der Fahrer sah aus wie ein dick gewordener Eddie Irvine und ließ die Geschwindigkeit nie unter hundertfünfzig Sachen sinken. Hasen, Rehe und Tiere, die es nur in Nordirland gibt, stoben in Todesangst rechts und links durch die Felder, wenn der Bus um eine Kurve schlitterte oder einen Hügel übersprang. Kühe vergaßen das Wiederkäuen. Schwärme von Fluggetier fanden an der Windschutzscheibe ein ebenso jähes wie blutiges Ende. Die Fliehkräfte ließen meinen Magen auf Erbsengröße schrumpfen. Ich dachte noch einmal an alles.

Als die Fahrt überraschend am Hotel endete, war ich so dankbar, überlebt zu haben, dass ich die Sofamenschen vergessen hatte. Diese niederträchtigen Sofamenschen. Erst auf dem Rückflug nach London dachte ich wieder fast ununterbrochen an die Sofamenschen. Diese durchtriebenen Sofamenschen. Neben mir saß eine Deutsche, die Deutsch mit englischem Akzent sprach, weil sie, wie sie sagte, schon »so länge in Landen läibt«. Ich lächelte freundlich und dachte: »Wenn du noch eine Sekunde länger mit diesem albernen Akzent sprichst, hetze ich die Sofamenschen auf dich.«

Den erstaunlichsten Akzent Britanniens sprechen übrigens die Nordiren. Er ist zugleich von miefiger Provinzialität und singender Schönheit. Als Insasse eines Kleinbusses bekommt man davon einen guten Eindruck, weil der Fahrer ununterbrochen mit dem Handy telefoniert, während er so schnell fährt, dass die Zeit rückwärtsläuft. Eine Strecke, für die Michael Schumacher eine Stunde braucht, bewältigt man im nordirischen Kleinbus in vierzig Minuten.

Ich konnte es immer noch nicht fassen. Die schamlosen Sofamenschen hatten mir tatsächlich genau das Sofa mit dem unentfernbaren Kulifleck in meine neue Wohnung geliefert. Auf meine Beschwerden reagierten die Sofamenschen, indem sie zwei Tage lang so taten, als sei nichts, und mich damit nebenbei von dem Irrglauben befreiten, das könne niemand so gut wie ich. Schließlich versprachen sie halbherzig, ein neues Sofa zu liefern.

An diesem Donnerstag wuchteten zwei schmächtige Männer das neue Sofa in die Wohnung und stießen dabei noch ein paarmal lässig gegen die frisch gestrichenen Wände. Als sie anschließend das befleckte Sofa runtertrugen, zogen sie gekonnt einen armlangen Riss in den Flur. Ich lächelte freundlich, dachte an nordirische Kleinbusse und gab ihnen ein schönes Trinkgeld.

L für London

Die Französin am Nebentisch redete seit einer halben Stunde über Schuhe. Sie sprach so laut, dass es unmöglich war, ihr nicht zuzuhören. Dem stets erstaunlichen G., der ohnehin schlechte Laune hatte, ging die Französin sehr auf die Nerven. Hin und wieder seufzte er halblaut und murmelte Sätze wie: »Kein Mensch auf Gottes schöner Erde will etwas von diesen scheißverdammten Schuhen wissen.« G. neigt manchmal zu einer etwas gespreizten Ausdrucksweise, was ich sehr an ihm schätze.

Wir saßen im Garden Gate, einem Pub im Nordwesten Londons, der, wie der Name andeutet, über einen Garten verfügt. Außerdem gibt es dort Camden Hells Lager vom Fass, das unter den schöneren Londoner Bieren zu den schönsten gehört. G. hatte ausnahmsweise darauf verzichtet, sein Bier mit einem Schuss weißer Limo versauen zu lassen, und erzählte, dass ihm zwei Jahre der Schande bevorstünden. »Wie kommt's?«, fragte ich heiter. G. hob die Stimme, um sich gegen die Schuhfranzösin zu behaupten. »Meine Vespa ist frisiert. Deshalb darf ich sie nicht mehr mit dem Auto-Führerschein fahren. Also muss ich jetzt einen 125er-Führerschein machen.« Ich nickte aufmunternd und sagte: »Ist doch prima.« G. seufzte. »Das ist nicht prima«, sagte er, »das heißt, dass ich als Anfänger gelte und zwei Jahre mit einem L-Aufkleber rumfahren muss.« »Oh«, sagte ich. Wir schwiegen eine Weile und nippten dann und wann am Camden Lager. Wirklich ein schönes Bier. Am

Nebentisch sagte die Französin: »Und dann hat sie ihre Schuhe einfach wieder auf meinen Platz im Regal gestellt. Dabei hatte ich ihre Schuhe gerade erst da weggeräumt.« G. seufzte.

Ich hatte nicht erwartet, dass es tatsächlich um jahrelange Schande gehen würde, denn G. neigt manchmal zu Übertreibungen, was ich ebenfalls sehr an ihm schätze. In diesem Fall aber beschrieb er die Realität. Das L steht für »Learner«, und wenn es in London einen Mann gibt, den niemand von Geist, Verstand und Sinneskraft als Anfänger bezeichnen würde, dann ist das G.

Vermutlich hätte ich ihm nicht meinen Motorradführerschein zeigen sollen. Klasse 1. G. blickte finster. Ich sagte: »Stell dir einfach vor, das L steht für London.« G. reagierte nicht. Ich sagte: »Stell dir vor ...« G. hob die Hand und sagte: »Bitte.«

Wir schwiegen eine Weile. Der Garten liegt windgeschützt, in den Bäumen wohnen Vögel, die die Tage singend und mit dem Verdauen von übrig gebliebenen Fritten verbringen. Am Nebentisch sagte die Französin: »Wenn ich mit ihr übers Leben rede, ist es okay. Aber wenn ich mit ihr über Schuhe reden muss, ist es fürchterlich.« G. drehte sich zu ihr um und sah sie an. Dann drehte er sich wieder zurück. Wortlos, er ist ja kein Anfänger. Die Französin schwieg.

What's in a name?

Wales also. Nach gut vier Stunden Fahrt stellte ich den kettenpanzergroßen Wagen im Zentrum des Dörfchens Narberth auf zwei Parkplätzen ab und zahlte dafür eine Gebühr von vierzig Pence für den ganzen Tag, was mich umgehend für Wales einnahm. In London kann man für vierzig Pence ungefähr zwei Minuten parken. Anschließend begab ich mich in den örtlichen Surfladen, wo ich eine Badehose kaufen wollte. Dort stieß ich auf Eric, der sich im Surfladen von Narberth herumdrückt und Kunden von der Seite anredet, wenn ihm danach ist. Eric ist Mitte sechzig, er geht zweimal im Jahr auf Kreuzfahrt und trägt eine Schirmmütze mit dem Schriftzug der Reederei Cunard. An der Mütze hat er ein Schild befestigt, auf dem »Eric« steht. »Na, wie heiße ich?«, fragte Eric. »Eric?«, sagte ich. Er lächelte nachsichtig.

Keine Ahnung, wie genau ich auf Wales gekommen war. Aber Anfang der Woche saß ich in einem zu großen Mietwagen und gondelte mit knapp siebzig Sachen gen Westen. Da ich mir nicht merken kann, wo das Tempolimit in Großbritannien liegt, fahre ich grundsätzlich knapp siebzig Meilen pro Stunde, sobald ich die Stadt verlasse, und das scheint okay zu sein. Innerhalb der Stadt stellt sich das Problem nicht. Die Durchschnittsgeschwindigkeit in London liegt bei fünf Meilen pro Stunde, allerdings nur, wenn es flüssig läuft, was nie der Fall ist außer früh am Sonntagmorgen.

Erneut hatte die Mietwagenfirma meinen Wunsch nach einem angenehm faden Alltagsauto ignoriert. Immerhin war es diesmal nicht ein hüfthoher Sportwagen geworden, der schon im Leerlauf klingt wie eine startende Düsenjägerstaffel, sondern ein Gefährt, wie es sehr kleine Männer und Freundinnen von Fußballprofis fahren. Es war lächerlich, aber immerhin konnte man aufrecht sitzen.

Wales also. Bald erschienen am Horizont die phantastischen Hängebrücken über den Severn, der übrigens 354 Kilometer lang und damit der längste Fluss Großbritanniens ist. Auf der anderen Seite der Brücken erstreckt sich Wales, dann gibt man noch zweimal Gas, parkt, steigt aus, und schon spricht man mit Eric. Er erklärte, dass Narberth, das Dorf mit den vielleicht niedrigsten Parkgebühren des Landes, der beste Ort der Welt sei. Er referierte, dass man von Narberth aus in weniger als einer Stunde genau 148 Strände erreicht, von denen einige zu den schönsten der Welt gehören. Barafundle. Newgale. Caerfai. Abereiddy. Langland Bay. »Hmhm«, sagte ich und griff mir eine blau-weiß gestreifte Badehose.

Als ich halb nackt in der Umkleidekabine stand, hörte ich, wie Eric meine zauberhafte Begleitung fragte: »Na, wie heiße ich?« Mein Herz machte einen Sprung, als sie gelassen sagte: »Cunard.«

Bob ist dein Onkel

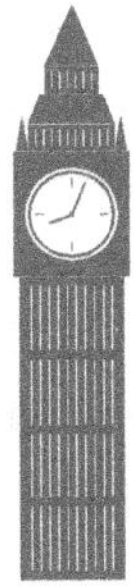

Bisher hatte ich nur zwei Lieblingswörter im Englischen: turbot und ampersand. Ein drittes mochte sich nie dazugesellen, obwohl ich andere Wörter durchaus schätze. Ich mag zum Beispiel marvellous (fabelhaft), gobsmacked (verblüfft) oder bangers (Bratwürste). Auch nicht ganz ohne sind conundrum (Rätsel) oder plonker (Idiot). Mit dem österreichischen Meisterkolumnisten Klaus Nüchtern teile ich darüber hinaus eine Schwäche für die Wörter nincompoop (Einfaltspinsel) und shenanigans (Tricksereien). Aber all diese Wörter sind nicht ganz so schön wie turbot oder ampersand. Es ist schwer zu erklären.

Meine Lieblingsredewendung ist übrigens »Bob's your uncle« – Bob ist dein Onkel. Man benutzt sie am Ende längerer Erklärungen, sie bedeutet ungefähr: Und das ist schon alles. Hier ein Beispielsatz: »Du gehst zur Theke, sagst: ›Ein Pint Camden Hells Lager, bitte‹, dann kommt schon das Bier, du bezahlst – weil man im Pub nie Trinkgeld gibt, lässt du dir das Wechselgeld rausgeben –, und Bob ist dein Onkel.«

Das Wort turbot hatte ich mit Anfang zwanzig entdeckt und sehr behutsam in meinen Sprachschatz eingefügt. Es bedeutet Steinbutt. Das Wort ampersand habe ich beim großartigen Sender BBC Radio 4 in einer Reportage gehört, es bedeutet: &.

Nun habe ich das Wort easel entdeckt (sprich: iiiisl). Ich saß mit vielen anderen ausländischen Korrespondenten in einem Raum und hörte einem Sprecher des Palastes zu, der das Protokoll für die Geburt des ersten Kindes von Kate und Prinz William durchging. Unter anderem sagte er, dass ein Dokument, welches die Geburt bestätigt, vor dem Buckingham Palace auf einem oder einer easel präsentiert werde. Ich hatte keine Ahnung, was ein oder eine easel ist, aber in diesem Moment war die Gruppe meiner Lieblingswörter komplett. Lange, sehr lange hatten turbot und ampersand auf das dritte Wort gewartet, nun war es da. Ich baute die drei neuen Freunde umgehend zusammen. The Easel & Turbot – könnte so nicht mein wirklich hübscher kleiner Pub an der Südküste Cornwalls heißen? Turbot, Easel, Ampersand – wäre das nicht ein traumhafter Name für eine erfolgreiche Rockband mittelalter Säcke mit mir an der Gitarre?

Unauffällig fragte ich den Spanier rechts neben mir, was ein easel sei. Er sagte: »Das wollte ich Sie auch gerade fragen.« Ich fragte den Franzosen vor mir. Er wusste es nicht. Ich fragte den Kollegen, der sich beim Palastsprecher erkundigt hatte, wie die Chancen auf eine Wassergeburt stünden. Er schaute mich an, als hätte ich ihn gefragt, ob er mit Bob verwandt sei, und sagte: »Staffelei.«

Er konnte Wetter wie kein Zweiter

Der stets erstaunliche G. hatte gefragt, ob ich die Geschichte von der amerikanischen Touristin und Windsor Castle schon kenne. Jeder, der im Großraum London und damit in der Nähe des Flughafens Heathrow wohnt, kennt die Geschichte von der amerikanischen Touristin und Windsor Castle. Sie ist nur so halblustig, am Ende fragt die Amerikanerin, warum die Queen ihr Schloss mitten in die Einflugschneise gebaut hat. G. kann es jedoch nicht allzu gut leiden, wenn man seine Geschichten schon kennt, weshalb ich entschieden verneinte.

Er hatte mich unter Vorwänden in die Tate Britain gelockt. Man könne sich mal die L.-S.-Lowry-Ausstellung anschauen, hatte er gesagt. Lowry war ein englischer Maler, der dafür bekannt ist, dass auf seinen Bildern viele kleine Menschen zu sehen sind. Außerdem der immergleiche, immergraue Himmel. Wetter lag ihm nicht so.

In Wahrheit hatte G. natürlich nicht das geringste Interesse an kleinen Menschen und immergrauem Himmel. Er warf einen kurzen Blick auf die Lowry-Schlange, dann lenkte er mich entschlossen in Richtung der Turners. Joseph Mallord William Turner, der von 1775 bis 1851 lebte, konnte Wetter wie kein Zweiter.

G. findet, im Museum könne man würdevoller als irgendwo sonst darauf warten, dass die Tageszeit anbricht, zu der man ohne schlechtes Gewissen einen Pub aufsuchen kann. Zudem hat er eine These zu Turner entwickelt: Der habe, wenn er nicht gerade Wetter malte oder mehrere Ladungen Deckweiß auf der Leinwand verteilte, hier und da Gegenstände und Wesen ins Bild geschmuggelt, die da definitiv nicht hingehören. Dies, meint G., werde von der Kunstgeschichte bisher noch nicht ausreichend gewürdigt.

»Schau's dir an«, flüsterte er. Wir standen vor einem Gemälde mit dem wunderbaren Titel »The Goddess of Discord Choosing the Apple of Contention in the Garden of the Hesperides«. G. deutete auf den rechten oberen Teil des Bildes. Dort lungerte, von den Menschen im Bild offenbar unbemerkt, ein veritables Riesenkrokodil auf einem Felsen herum und hielt seine schwertlange Zunge in die Sonne. »Hm«, sagte ich.

Als Nächstes zeigte er mir ein Bild, in dem mittendrin ein herrenloser Kürbis zu sehen ist. »Hmhm«, sagte ich. Dann führte er mich zielstrebig zu einem weiteren Turner, in dem, unauffällig und doch unübersehbar, eine vergessene Flasche Bier knapp unterhalb der Bildmitte stand. »Erstaunlich«, sagte ich. G. nickte zufrieden. »Mit diesen Informationen müsste man doch in Deutschland sogar promovieren können«, sagte er, »oder meinst du, das wissen da schon alle?« Ich verneinte entschieden.

Alles, was Heidi tut

Kürzlich lag ich eine Weile mit vierzig Grad Fieber im Bett, aber ich ging nicht zum Arzt. Kaum genesen lief ich mit Wucht gegen die Dachschräge im Wohnzimmer. Aus der Platzwunde auf meiner Stirn schoss das Blut, aber ich ging nicht zum Arzt. Überraschenderweise überlebte ich beides. Damit hätte es gut sein können, aber ich hatte den Eindruck gewonnen, dass ich eventuell doch sterblich sein könnte. Im Lichte dieser Erkenntnis beschloss ich, mich beim NHS anzumelden.

Die Rezeptionistin in der Arztpraxis schaute mich an, schaute auf den Anmeldebogen mit meinen Daten, schaute wieder mich an und sagte freundlich: »So, jetzt brauche ich aber noch Ihre NHS-Nummer.« Sie war Mitte fünfzig, hatte kurze blonde Haare und saß hinter einer kugelsicherdicken Glasscheibe. Durch das Sprechloch im Panzerglas rief ich ebenso freundlich: »Ich habe ja wie gesagt noch keine NHS-Nummer.« Sie schüttelte den Kopf. Es war die Art von Kopfschütteln, mit der Fräulein Rottenmeier auf ungefähr alles reagiert, was Heidi tut. Das fand ich nicht ganz angemessen, weil ich als mittelalter und durchaus anmeldewilliger Mann vor ihr stand. Aber ich lächelte weiterhin freundlich, weil ich den NHS für eine zumindest im Prinzip hervorragende Errungenschaft halte.

Der NHS ist der Nationale Gesundheitsdienst in Großbritannien. Wer hier lebt, wird kostenlos ärztlich behandelt. Man muss sich lediglich bei einer Praxis registrieren, und schon gehört man dazu. Ich hatte bisher von einer Registrierung abgesehen, was daran lag, dass meine örtliche Arztpraxis gerade geschlossen hatte, wenn ich nachts aus unruhigen Träumen erwachte und daran dachte, dass ich mich vielleicht dringend genau jetzt registrieren sollte. Wann immer ich tagsüber an eine Registrierung beim NHS dachte, hatte ich grad was anderes vor oder war mit dem stets erstaunlichen G. unterwegs. So gingen zwei Jahre ins Land.

Die Rezeptionistin schaute auf den Anmeldebogen. Sie sagte: »Aber Sie leben seit zwei Jahren in England. Also haben Sie auch eine Nummer.« Ich beugte mich zum Sprechloch und rief: »Ja. Und nein.« Sie schüttelte erneut den Kopf und zeigte auf die etwa zwei Zoll lange, allmählich verheilende Wunde auf meiner Stirn: »Damit waren Sie beim Arzt. Also haben Sie auch eine NHS-Nummer.« Ins Sprechloch rief ich: »War nur ne Platzwunde.« Sie schüttelte den Kopf. Ich bilde mir ein, dass sie seufzte. Dann fragte sie: »Sie waren damit wirklich nicht beim Arzt?« Ich schüttelte so energisch den Kopf, dass der Riss leise pochte. Die Rezeptionistin schaute mich an, schaute auf den Anmeldebogen und schaute wieder mich an. Sie sagte: »Na dann, herzlich willkommen. Wir nehmen Sie auf.«

In der Don-Johnson-Phase

Zu den wiederkehrenden Themen, die ich mit dem stets erstaunlichen G. beim Genuss eines schönen Feierabendbieres erörtere, zählen neben den sinnlos in der Landschaft herumstehenden Gegenständen in den Werken des Malers Joseph Mallord William Turner: die Tatsache, dass ich den unentfernbaren Vogelscheißfleck auf dem Schlafzimmerfenster meiner alten Wohnung doch mehr vermisse als erwartet, sowie die beiden großen alten Menschheitsfragen, ob man zur Jeans ein Sakko tragen kann und welche Londoner U-Bahn-Station den schönsten Namen hat.

Zu meinen Favoriten zählen Elephant & Castle, Morden und Barking, außerdem mag ich die Eichengruppe: Gospel Oak, Royal Oak, Burnt Oak, Oakwood. G. schätzt Totteridge & Whetstone, Chalfont & Latimer, Hanger Lane, Upney und Pinner. Führe ich Island Gardens an, kontert er mit Swiss Cottage, wo es tatsächlich eine Art Schweizer Hütte gibt, in der unter anderem Bier aus Bayern ausgeschenkt wird, das wir aber aus Gründen, die gerade nichts zur Sache tun, noch nicht probiert haben. Von Swiss Cottage fährt man eine Station bis St. John's Wood, von wo es nur ein paar Schritte bis zur Abbey Road sind, auf der einst die Beatles einen Zebrastreifen beschritten. Es gibt auch eine Station namens Abbey Road, aber die liegt einige Tagesmärsche von der Abbey Road entfernt in West Ham.

In dieser Woche fuhren wir die sechzig Meter lange Rolltreppe der Station Angel hinauf. Wir beschlossen, dass wir diesen Namen beide ganz gut finden, gingen rechts raus und unter Aufbietung einiger Willenskraft am Pub The York vorbei, hielten uns weiterhin halb rechts und durchschritten eine Gasse namens Camden Passage, in der sich lauter kleine Galerien sowie ein Restaurant mit dem zauberhaften Namen The Elk in the Woods angesiedelt haben. Schließlich erreichten wir das Camden Head. »Du wolltest ja grad zwei Bier holen«, beschied G. Ich holte zwei Bier, während er draußen stand und sich eine dieser Zigaretten ansteckte, die ohne Brandbeschleuniger auskommen, weshalb er sehr kräftig an ihnen ziehen muss.

G. trug wie immer Jeans und Sakko. Ich vertrete die Ansicht, dass zur Jeans nur Sakko trägt, wer in der Don-Johnson-Phase stecken geblieben ist. G. hingegen findet sich klassisch elegant. Manchmal krempelt er die Hosenbeine seiner Jeans um. Wir tranken eine Weile vor uns hin, bis ich den fatalen Satz sagte, mit dem ich glaubte, in der Sakko- und in der U-Bahn-Debatte zugleich in Führung zu gehen. Ich sagte: »Jeans und Sakko zu tragen ist ungefähr so absurd, wie Theydon Bois gut zu finden.« G. lächelte das sehr gelassene Lächeln eines Londoners, der nicht nur weiß, wo die Station Theydon Bois liegt, sondern auch, wie man sie richtig ausspricht.

Der große Pflücker

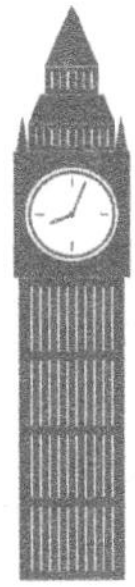

Was britische Äpfel zu Gleicheren unter Gleichen macht, ist nicht nur ihr einzigartiger Geschmack. Sie tragen Namen von so außerweltlicher Schönheit, dass allein Menschen mit steinernem Herzen sich von deren Klang nicht berühren und aufs schönste verwirren lassen. Polly Whitehair. Hoary Morning. Wisley Crab.

Gerade beginnt die Apfelernte in Großbritannien, die in diesem Jahr laut Apfelexperten geringer ausfällt als sonst, was wohl in erster Linie am Wetter liegt. Im zurückliegenden Jahr war es den Äpfeln offenbar sowohl zu heiß als auch zu kalt, zudem zu nass und zu trocken. Diese Empfindung teile ich. Die britischen Apfelexperten sagen, es gebe Tausende Sorten. Worcester Pearmain. Winter Banana. Foxwhelps.

Britische Äpfel haben es gern, wenn das Wetter nicht wie üblich macht, was es will, sondern ausnahmsweise mal genau richtig ist, was, wie ich finde, sehr für sie spricht. Die hiesigen Äpfel sind Freunde eines milden Herbstes, dem bevorzugt ein milder Winter folgt. In einem milden Frühling geht es ihnen wie den meisten Menschen auf der Insel: Es weitet sich das Gemüt, die Seele dehnt sich aus. Am Ende eines milden Sommers erreichen die Äpfel schließlich ihre maximale Leibesfülle; das haben wir gemeinsam.

Während ich mich aber auch sommers im Dienste einer gewissen Süddeutschen Zeitung den lieben langen Tag mit allergrößtem Eifer und vor allem ohne Unterlass der

Arbeit hingebe, bis ich völlig ermattet in die Kissen oder sehr ausnahmsweise auf einen Barhocker sinke, hängen die Äpfel frohgemut an den Bäumen herum und erstrahlen in herrlichsten Farben. Sie leben ebenso heiter wie untätig dem Tag ihrer Pflückung entgegen. Zwar strebt auch der Mensch unaufhaltsam dem Tag zu, an dem der große Pflücker ein letztes Mal ins Leben eingreift, aber heiter ist er dabei zu selten und untätig leider fast nie.

St. Edmund's Pippin. Egremont Russet. Delbarestivale. Wer Listen mit den Namen britischer Äpfel liest und nicht spätestens nach dem zehnten in Tränen des Glücks aufgelöst ist, der mag vermutlich auch Rahmporree und wird beim Anblick seiner Hammerzehen jedes Mal von einer Aufwallung der Selbstliebe fast vollständig übermannt. D'Arcy Spice. Laxton's Fortune. Diese Eleganz. Blenheim Orange. Chivers Delight. Diese Anmut. Howgate Wonder. Pig's Snout. Wäre jedes Mehr an Erhabenheit nicht ein Zuviel? Ashmead's Kernel. Bloody Ploughman.

Gerade britische Äpfel sind mit Birnen wirklich nicht zu vergleichen.

Britischer Herbst

Üblicherweise kommt zwischen Sommer und Herbst das, was der stets großartige Kurt Tucholsky als »Fünfte Jahreszeit« beschrieben hat: »Mücken spielen im schwarz-goldenen Licht, im Licht sind wirklich schwarze Töne, tiefes Altgold liegt unter den Buchen, Pflaumenblau auf den Höhen.« Es sind immer nur ein paar Tage, und sie sind erhaben.

In diesem Jahr aber hat sich der britische Sommer dazu entschlossen, übergangslos zum Herbst zu werden. Innerhalb von vierundzwanzig Stunden sank die Temperatur um fünfzehn Grad, ein großer Wind hob an, aus den Himmeln fiel ein Ozean. Die Mücken begaben sich vor Schreck gesammelt und umgehend in die Hände des Todes. Der britische Sommer war ausnahmsweise wirklich mal sehr groß. Nun ist es nass und kalt und grau, und es wird lange so bleiben.

Es gibt Menschen, die behaupten, dass es kein schlechtes Wetter gebe, sondern nur schlechte Kleidung. Als ich ein junger, zorniger Mann war, der an der Küste lebte, habe ich Verfechter dieser These, die übrigens mit einiger Vorliebe raschelnde Funktionskleidung im Partnerlook tragen, regelmäßig ermahnt, sie sollten nicht so einen hirnverbrannten Scheißdreck verbreiten und sich bitte schnellstmöglich nach draußen in den waagerecht fliegenden Eisregen verfügen. Das ist mir heute peinlich, da ich mich als mittelalter Sack im Londoner Nassherbst, aber zugleich im

Sommer meines Lebens befinde und auf solcherlei Thesen mit einem gütigen Lächeln reagiere, wie es selbst der Dalai Lama nur sehr ausnahmsweise hinkriegt.

Tief im Inneren muss ich wohl geahnt haben, was kommen würde. Vielleicht hat auch geholfen, dass ich den BBC-Wetterbericht mit religiösem Eifer verfolge. Jedenfalls schlenderte ich am vergangenen Wochenende im genau richtigen Moment rüber zu der Autovermietung, die auf einem von Verkehr umtosten Eiland liegt. Dort mietete ich den letzten verfügbaren Wagen. Es war ein Peugeot 107, der einen Tick kleiner ist als eine halbe Badewanne. Ich öffnete ausnahmsweise auf Anhieb die Tür auf der Fahrerseite, schob den Sitz bis in den Kofferraum, faltete mich unter den prüfenden Blicken des graugerauchten Autovermietungsmannes fakirhaft in den Wagen und verlieh auf diese Weise dem Ausdruck »passt wie angegossen« eine völlig neue Dimension.

Dann trat ich das Gaspedal bis zum Boden durch, bis ich Suffolk und das Meer erreichte. In den letzten warmen Sonnenstrahlen des Jahres stapfte ich so lange den leise knirschenden Kieselstrand an der kabbeligen Nordsee entlang, bis ich die Farbe eines frisch gekochten Hummers angenommen hatte. Erst dann fuhr ich zurück nach London.

Tweed und Wahn

Seit Wochen denke ich darüber nach, wie ich die wahre Geschichte eines deutschen Kollegen, der aus guten Gründen glaubt, sein sämtliches Haupthaar durch den übermäßigen Verzehr von Bratwürsten verloren zu haben, in der Kolumne unterbringen könnte. Das Problem: In der Geschichte, wenn man sie in ihrer glorreichen Gänze erzählt, kommen außer Tschernobyl auch die Bonner Großveranstaltung »Rhein in Flammen«, Walter Jens sowie viel später auch ein kleines Haus auf Bali vor. Es geht um eine dunkle Nacht des Regens, um helle Tage der Ermittlung, ums Balancieren auf dem schmalen Grat zwischen Angst und Wahn.

Es ist eine irrwitzig gute Geschichte, aber es ist auch eine sehr lange Geschichte, die mehrere unfassliche Wendungen nimmt und den Zuhörer in einer Mischung aus Rührung, Bewunderung, Furcht und Erbauung zurücklässt. Wer die Geschichte hört, denkt danach tagelang an nichts anderes.

Der exzellente Kollege hatte seine exzellente Geschichte erzählt, nachdem ich ihm den stets erstaunlichen G. vorgestellt hatte, einen Mann, den kennen sollte, wer in London wohnt. Wir standen zu dritt auf der großzügigen Veranda eines recht guten Pubs namens Camden Head im Stadtteil Islington herum. Nicht zu verwechseln mit dem Camden Head im Stadtteil Camden, das eher laut ist und über keinerlei Veranda verfügt. Das Camden Head in Islington befindet sich bekanntlich unweit der U-Bahn-Station Angel.

Zunächst hatten wir über das Färben von etwas zu hellen Tweed-Anzügen gesprochen, und es spricht durchaus nicht gegen Großbritannien, dass das hierzulande unter Männern ein vollkommen normales Pubthema ist. Nachdem wir das Thema Tweedfärben erschöpfend behandelt hatten, der Abend aber noch nicht die geringste Neigung zeigte, sich seinem Ende zu nähern, begann der Kollege, die Bratwurstgeschichte zu erzählen. Als er einige Biere später fertig war, schwieg auch G. tief beeindruckt, was sehr, sehr selten passiert.

Wir tranken ein Weilchen still vor uns hin, schließlich fragte G.: »Du hast also wirklich befürchtet, dass der radioaktive Fallout … nur Bratwürste … definitiv vor der Katastrophe eingeschweißt … Haare?« Der Kollege nickte und sagte: »Ist lange her.« G. schaute ihn mit seinem besten G.-Blick an. Dann sagte er: »Aber hey, du kannst das tragen.«

Das Fenster zum Hof

Ein grauer Londoner Mittag empfing mich, als ich vom Labour-Parteitag in Brighton zurückkehrte, auf dem ich unendlich vielen Reden gelauscht hatte, während draußen dem Sommer überraschend doch noch ein würdiges Abschiedsspektakel gelungen war. Mit dem festen Vorsatz, eine melancholische Küstenkolumne zu schreiben, steuerte ich sogleich auf den Schreibtisch zu, erspähte das Paar im Haus gegenüber und hielt inne. Rechtes Dachgeschoss, die beiden waren definitiv neu. Ich kenne alle Bewohner von gegenüber besser, als ich sollte, weil ich, wenn ich nicht gerade zum Labour-Parteitag nach Brighton fahre, tagein, tagaus im Büro sitze und viele Stunden damit verbringe zu beobachten, was drüben im Haus los ist. Ungefähr so wie James Stewart in Alfred Hitchcocks »Das Fenster zum Hof«, mit dem Unterschied, dass ich mir kein Bein gebrochen habe, sondern von der Pflicht an den Fensterplatz gefesselt werde.

Die beiden, ein Mann und eine Frau um die dreißig, standen am Fenster und wirkten, als sei ihr Blick im gleichen Moment, in dem ich sie erspäht hatte, auf mich gefallen. Die Frau sagte etwas zu dem Mann. Vermutlich sagte sie: »Schau mal, der mittelalte Sack da in dem fiesen roten Pulli.« Ich schaute die beiden unverwandt an. Die beiden schauten unverwandt zurück.

Der Mann sagte etwas zu der Frau. Vermutlich sagte er: »Meinst du, der Typ kämmt sich die Haare über die Geheimratsecken?« Ich kann nicht von den Lippen lesen, außerdem waren die beiden zu weit weg, geschätzte dreißig, vierzig Meter, aber was sollen sie sonst gesagt haben? Ich starrte unverwandt. Wollen doch mal sehen, dachte ich. Zwei Dinge kann ich wirklich gut: Ich kann sehr gut so tun, als sei nichts, und ich kann sehr gut unverwandt starren. Die beiden starrten zurück. High Noon in Belsize Park.

Die Bäume im Innenhof standen mucksmäuschenstill. Kein Lüftchen regte sich, obwohl sonst immer ein leichter Wind geht. »Das haltet ihr nicht durch«, flüsterte ich, »wenn's sein muss, starr' ich euch bis morgen früh an.« Ich lächelte ein feines Lächeln. »Da seid ihr an den Falschen geraten«, wisperte ich. Eigentlich bin ich der Pubertät knapp entwachsen, aber ich fühlte mich herausgefordert. Zwanzig Sekunden vergingen. Fünfundzwanzig Sekunden. »Na los«, brummte ich. Dreißig Sekunden. »Jetzt gebt halt auf«, knurrte ich. Plötzlich gab die Frau dem Mann einen Kuss von der Art Küsse, wie man sie nicht in der Öffentlichkeit austauscht, dabei streckte sie den Arm aus und zog an einer Schnur. Mit einem Ruck sauste das Rollo nach unten.

Kurz blinzelte ich. Dann tat ich so, als sei nichts, und starrte unverwandt auf das Rollo.

Cinderella

Der stets erstaunliche G. geht derzeit ein bisschen zu breitbeinig. Manchmal stöhnt er leise und sagt: »Diese Schmerzen.« Manchmal stöhnt er laut und benutzt Schimpfwörter, deren Existenz mir bisher vollkommen unbekannt war. Es sind Schimpfwörter von betörender Klarheit, sie sind nahezu lupenrein.

In dieser Woche wollte G. »zum Spanier« gehen, um »gemütlich« eine »Kleinigkeit« zu essen. G. wollte noch nie »zum Spanier«, und er wollte auch noch nie »gemütlich« eine »Kleinigkeit« essen. Er geht gern in Pubs, in denen er einige schöne Biere zu sich nimmt. Ins Artillery Arms, ins Seven Stars, ins Jamaica Wine House, ins Ye Olde Mitre, in den Eagle oder ins Tom Cribb, benannt nach dem legendären englischen Boxer, der sich im frühen 19. Jahrhundert zum Weltmeister ausrief und immer ein bisschen zu breitbeinig ging, weil er vor Kraft kaum laufen konnte. Der stets erstaunliche G. erklärt seinen neuen Gang hingegen damit, dass er seit Kürzestem wieder am Training seines Fechtklubs teilnimmt und ihm deshalb die Beinmuskeln brennen.

Beim Spanier sank er leise stöhnend auf den Stuhl und sagte zufrieden: »Diese Schmerzen.« Er aß gemütlich eine Kleinigkeit, hin und wieder stieß er makellose Flüche aus, was bei den spanischen Kellnerinnen sehr gut ankam. Wenn G. breitbeinig und für einen Mann mit brennenden Muskeln erstaunlich behände zur Toilette schritt, schauten sie ihm versonnen nach. Mich beachteten sie nicht. »Vielleicht fichst du zu viel, wenn du jetzt solche Schmerzen hast«, brummte ich. »Mitte Oktober ist Casting«, sagte G. lächelnd, »bis dahin muss ich in Topform sein.«

Ich hatte das Wort Casting gehört, aber ich fragte nicht. »Großes Hollywood-Ding«, führte G. ungefragt aus, »dafür suchen sie noch erfahrene Fechter, die richtig was hermachen.« »Hmhm«, sagte ich. »Vorne im Bild ficht der Held, und weiter hinten föchte ich, wenn sie mich nähmen«, erzählte G. »Spielt da außer dir noch jemand mit, den man kennt?«, knurrte ich. »Helena Bonham-Carter und Cate Blanchett«, sagte G. »Das ist schön«, erwiderte ich. G. grinste ein Dennis-Hopper-Grinsen: »Regie führt ...«, das Grinsen wurde Jack-Nicholson-breit, »... Kenneth Branagh.« Ich stöhnte. Hollywoodstar G. Ich sah es genau vor mir, und ich versuchte, mir meinen Neid nicht anmerken zu lassen.

»Die haben gefragt, ob ich auch nackt fechten würde«, sagte G. »Nackt?«, fragte ich. »Nackt«, sagte G., der ganze Mann eins mit sich selbst. »Hat der Film auch einen Namen?«, fragte ich. G. beugte sich über den Tisch, senkte seine Stimme und raunte für die spanischen Kellnerinnen unhörbar: »Cinderella.«

Der rechtmäßige Nummer-1-Hollywood-Hintergrund-Fechter

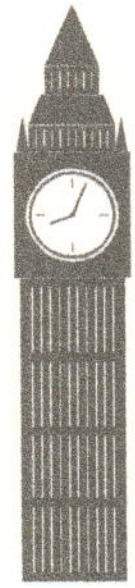

Der stets erstaunliche G. steht also kurz vor seinem Durchbruch als Hollywoodstar, weil er aller Voraussicht nach im Film *Cinderella* von Kenneth Branagh eine Statistenrolle als Fechter übernimmt. Eventuell sogar nackt. Wenn ich G. richtig verstehe, würde er bevorzugt nackt fechten, aber es ist noch nicht abschließend geklärt, ob in Branaghs *Cinderella* überhaupt unbekleidete Fechter auftreten sollen. G. sagt, er wolle die Romanvorlage noch mal in Ruhe lesen, um dem Regisseur im Zweifel nützliche Tipps zurufen zu können, quasi auf Augenhöhe. Meinen Einwand, dass es keine »Romanvorlage« gebe, weil es sich bei *Cinderella* um das Märchen vom Aschenputtel handele, überhört er. G. trainiert eisern im Fechtklub und hat sich, wenn ich das so sagen darf, schon vor Drehbeginn ein ziemliches Stargehabe angewöhnt. Noch öfter als bisher streicht er durch sein grau meliertes, sorgfältig onduliertes Haar.

Die Hollywood-Sache führt dazu, dass ich derzeit hauptsächlich damit beschäftigt bin, mir meinen Neid nicht anmerken zu lassen. Immerhin hatte ich G. neulich beim Spanier, wo er entgegen aller liebgewonnenen Gewohnheit »gemütlich« eine »Kleinigkeit« aß, die Rechnung begleichen lassen, weil ich dachte: Wenn ich schon einen sackarroganten Hollywoodstar zu meinen Freunden zählen muss, kann er wenigstens die Getränke bezahlen.

G.s Fechttrainer arbeitet übrigens im Hauptberuf als Taxifahrer. Seit klar ist, dass G. nun der Nummer-1-Hollywood-Hintergrund-Fechter wird, spricht man mit dem Trainer besser nicht mehr über das Thema Fechten. Der Trainer ist nämlich mal bei »You Bet!«, der englischen Version von »Wetten dass …?«, mit einer brillanten Fechtnummer aufgetreten und daher der Ansicht, der rechtmäßige Nummer-1-Hollywood-Hintergrund-Fechter zu sein. Man fragt den Trainer lieber, was im Taxibereich grad los sei. »Nix«, knurrt der Trainer dann. Außer natürlich, dass die Mercedes-Vito-Taxis, die heimlich versuchen, die klassischen Londoner Black Cabs zu verdrängen, dauernd vollgekotzt werden, weil im Vito die Türen nur vom Fahrer geöffnet werden können. »Gerade wochenends kotzt der Londoner gern«, brummt der Trainer, »und dann ist es wichtig, dass er die verfluchte Taxitür sehr schnell selbst aufmachen kann.«

Mitte der Woche schrieb G. per SMS, dass er nun auch für den Film *Fury* angefragt worden sei. In der SMS stand wörtlich: »Nächste Woche Dienstag Kostümprobe und Haareschneiden. 45 Pfund. Freitag Dreh. 145 Pfund. FURY mit Brad Pitt. Spiele Zivilisten.« Seitdem hoffe ich inständig, dass sie ihm eine gottverdammte Glatze schneiden.

Wolkendeutung

Am Mittwochvormittag zog vor meinem Fenster eine Wolke vorbei, die exakt die Form von Australien hatte. Ich bin kein bisschen esoterisch veranlagt, ich bin nicht mal abergläubisch. Aber ich erkenne Zeichen, wenn ich sie sehe.

Am Mittwochabend erzählte ich dem stets erstaunlichen G. in einem Pub namens »The Water Poet« von der Wolke. »Ich bin kein bisschen esoterisch veranlagt«, sagte ich, »aber das muss was zu bedeuten haben.« G. nickte und kratzte sich an seinem unrasierten Kinn. Jedes Jahr im Herbst schimmert sein Bart je nach Lichteinfall in verschiedensten Farben, er hat einen Jahreszeitenbart. »Hm«, sagte G. und nahm einen Schluck Vedett, das unter den schöneren belgischen Bieren zu den schönsten gehört.

Im Water Poet servieren sie ausgesuchte Getränke. Vor einigen Monaten hatten sie ein Gastbier namens »Panzerfaust« am Hahn. Zu meinen Favoriten zählt ein Ale mit Namen »Anchor Steam Beer«: Ankerdampfbier. Es schmeckt etwas gewöhnungsbedürftig, aber ich vermute, dass niemals und nirgendwo ein besserer Name für ein Bier erfunden wurde. »Vielleicht bedeutete die Wolke«, sagte G. nachdenklich, »dass du schon bald eine Reise machen wirst.« Ich seufzte. »Zum Beispiel nach, warte – nach Australien«, sagte er. G. grinste, als habe er gerade den tiefen Teller erfunden. »Idiot«, brummte ich. Wir tranken die Biere und schwiegen eine Weile.

Der Water Poet ist ein Pub im Londoner Osten. Er hat

einen teilüberdachten Hinterhof, der ab Herbsteinbruch beheizt wird und den in der Stadt fast überall verfemten Rauchern eine wohlige Heimstatt bietet. Das Publikum ist meist eine ausgewogene Mischung aus Bildhauern, Finanzmathematikern, Schneidern, die gern Modemacher wären, und Frauen mit tollen Schuhen. Außerdem ehemaligen Rugby-Profis, Gelegenheitsfechtern, Start-up-Chefinnen und harmlosen Zugereisten wie mir, die in Wolken Zeichen erkennen. Wer größer ist als 1,75 Meter, macht den Fehler, auf der Treppe zum Klo den Kopf nicht einzuziehen, nur ein einziges Mal. Kenner postieren sich mit ihren Bieren in der Nähe der Treppe und lauschen den regelmäßig erklingenden, oft erlesenen Flüchen.

»Noch zwei Bier, bitte«, sagte ich zur Barfrau. Sie zapfte zwei Vedett, und ich verwickelte sie in ein Pläuschchen. Mit maximalem Desinteresse lauschte sie meiner Wolkengeschichte. So barsch, dass es gerade nicht unhöflich war, sagte sie: »Das bedeutet, dass du mehr Foster's trinken sollst.« Ich sagte: »Ich trinke doch Vedett.« Sie sagte: »Na siehste.« Ich sagte: »Ihr habt hier ja nicht mal Foster's.« Sie sagte: »Das ist jetzt aber wirklich nicht mein Problem.«

Die fast perfekte Wohnung

Es ist nicht so, dass ich mit der neuen Wohnung unzufrieden bin. Gut, die Fenster sind nicht dicht, aber sie sind auch nicht so undicht, dass die Zugluft sämtliche Kerzen unmittelbar nach dem Anzünden löscht. So war es in der alten Wohnung, meinem Schmuckstück im obersten Geschoss des kreuzfahrtschiffgroßen Backsteinhauses an der vielbefahrenen Straße. Ich hatte mich dort heimisch gefühlt. Trotz der Ameisenkohorte, die eines Tages beschlossen hatte, mit mir eine Wohngemeinschaft zu gründen. Damals kannte ich noch nicht so viele Leute in London und fühlte mich fast ein bisschen geehrt. Ich mochte die Wohnung trotz der Besuche des Inspekteurs und trotz des unentfernbaren Vogelscheißflecks auf dem Schlafzimmerfenster, das sich nur nach außen öffnen ließ.

Die neue Wohnung hat einen kleinen Balkon. Von dort sehe ich an wolkenlosen Abenden den Flugzeugen dabei zu, wie sie in einem sehr weiten Bogen gen Heathrow fliegen. Sie hat eine Dusche, aus der das Wasser nicht als Niesel fällt, sondern als rauschender Bach. Sie ist beinahe perfekt.

Vielleicht vermisse ich die Busse, die spätabends durch die Straße rumpelten und ihre Türen genau vor unserer Haustür mit einer fein abgestimmten Mischung aus Fauchen und Zischen öffneten. Vielleicht vermisse ich den Zeitungsmann, dessen mit Druckerzeugnissen bis unter die Decke vollgestopftes Lädchen genau eine Minute und

48 Sekunden von der alten Wohnung entfernt lag. Jeden Morgen kaufte ich dort um 7.32 Uhr mehrere Kilogramm Zeitungen. Wenn ich zu spät kam, fragte der Newsagent, was denn los sei. Wenn ich eine Weile gar nicht kam, war er kurz davor, einen Suchtrupp zusammenzutrommeln. Erst war ich auch aus der neuen Wohnung morgens zu ihm rüberspaziert, was gut sechs Minuten dauerte, doch dann war ich faul und ihm untreu geworden. Das Geschäft seines Konkurrenten liegt gleich um die Ecke. Natürlich schäme ich mich dafür.

Vielleicht vermisse ich auch den Krieg gegen die Ameisen, den ich trotz eines importierten italienischen Mittels namens SUPERKILL, das Leser M. empfohlen hatte, nie gewinnen konnte. Es waren Londoner Ameisen, da können sich südamerikanische oder afrikanische Ameisen in puncto Widerstandskraft noch ein paar Scheiben abschneiden. In Gloucestershire haben sie vor einigen Tagen eine Schule geschlossen, weil dort ein paar Giftspinnen der Sorte Falsche Witwe entdeckt wurden. Mit denen war ich in meiner alten Wohnung auf Du und Du. Und ja: Ich vermisse den unentfernbaren Vogelscheißfleck.

Nachdem ich ausgezogen war, konnte die Wohnung knapp vier Monate lang nicht vermietet werden. Ich ahne, warum das so ist. Seit einer Woche brennt dort wieder Licht, und ich allein weiß, dass den neuen Mietern die Zeit ihres Lebens bevorsteht.

Französischer Abschied

Als Anfang der Woche eine unerklärliche Melancholie von mir Besitz ergriff, rief ich den stets erstaunlichen G. an, der flugs eine kleine Pubtour in Soho improvisierte, die über das Toucan, in dessen Keller Jimi Hendrix mal gespielt hat, ins Nelly Dean führte. Wir tranken einige klitzekleine Bierchen, und G. erzählte, dass er den Statistenjob im neuen Brad-Pitt-Film nun doch nicht bekomme. »Die hatten offenbar Angst, dass ich ihm die Schau stehle«, sagte er. Ich nickte. Wir schlenderten rüber ins French House. G. erzählte, dass er immerhin beim neuen Kenneth-Branagh-Film noch im Rennen sei. Er soll einen Hintergrundfechter spielen. Die Entscheidung fällt wohl nächste Woche.

Mir sind alle Leserbriefe teuer, aber nur die handgeschriebenen bewahre ich in einer kleinen Leserbriefkiste auf. Unter diesen wiederum ist mir einer besonders lieb, der erklärt, wie man unentfernbare Flecken entfernt. Ich hatte mal erwähnt, dass auf meinem neuen Sofa ein dunkelblauer Kulifleck zu sehen sei. Eine freundliche Dame aus Braunschweig erläuterte in geschwungener Schrift, dass man ein wenig Haarspray auf den Fleck geben müsse, nach einigen Minuten verschwinde er einfach. Sie wisse nicht, warum das so sei. Eine befreundete Friseurin habe ihr diesen todsicheren Trick verraten. Ich habe nicht die geringste Ahnung, ob das wirklich funktioniert. Ziemlich sicher bin ich mir hingegen, G. nie davon erzählt zu haben.

Im French House herrscht immer eine besondere Stimmung, eine kaum zu beschreibende, erstaunlich unbesoffene Heiterkeit, was auch daran liegen mag, dass sie das Bier dort ausschließlich in Halfpints ausschenken, weil sie das zivilisierter finden. Neben uns erzählte ein Nadelstreifenmann seiner Begleitung, dass er eben im Büro sein Maßhemd ruiniert habe, weil er sich versehentlich einen Strich auf die Manschette gemalt habe. G. mischte sich ein und sagte ungewohnt freundlich: »Sprühen Sie Haarspray drauf, dann geht das weg.« »Im Ernst?«, fragte der Mann. »Im Ernst«, sagte G.

Der Nadelstreifenmann gab eine Runde Ricard aus. Er referierte ausführlich, um welch erhabenes Getränk es sich handele und dass nirgendwo auf den britischen Inseln so viel Ricard getrunken werde wie im French House. Trotz seines beachtlichen Schauspieltalents wollte es dem stets erstaunlichen G. nicht gelingen, einen immerhin halbwegs interessierten Gesichtsausdruck aufzusetzen. Er wandte sich zu mir und sagte: »Vielleicht sollten wir auf ein Letztes im Coach & Horses vorbeischauen.« Ich nickte. Es gibt keinen besseren Ort, um eine seriöse Pubtour zu beenden.

Wir leerten die Ricards und nahmen einen französischen Abschied.

Personenregister

Ortsregister

Sach- und Begriffsregister

Dank

Ich bin mir ziemlich sicher, dass sich auf unerklärlichen Wegen der ein oder andere Fehler ins Buch geschlichen hat. Das ist in jedem einzelnen Fall allein meine Schuld. Ganz herzlich danke ich Andrea Groll, Georg Reuchlein und dem Team von Random House, der Mannschaft der Wochenendbeilage der Süddeutschen Zeitung sowie natürlich Dirk Rumberg. Außerdem danke ich Eduard Augustin und Philipp von Keisenberg.

Unsere Leseempfehlung

352 Seiten
Auch als E-Book erhältlich

Was ist das für ein Land, in dem so unaussprechliche Namen wie Llywyngwril auf den Ortsschildern stehen? Wo Kekse gereicht werden, die jedes Gebiss bedrohen? Von den Kalkfelsen Dovers bis ins raue schottische Thurso erkundet Bryson die eigentümliche Welt jenseits des Ärmelkanals und kommt zu dem Schluss: England muss man einfach lieben – ganz gleich, wie wunderlich es einem zuweilen erscheinen mag.